SOMMAIRE DU N° 147

La responsabilité des titres et des intertitres incombe à la rédaction.

113 *Le multimédia : progrès ou régression*
114 *Questions de presse*
115 *La télévision en mutation*
116 *Les challenges du multimédia*
117 *La publicité au microscope*
118 *La mondialisation en marche*
119 *Les nouvelles technologies de la communication*
120 *La communication des organisations*
121 *L'université d'été de la communication*
122 *Revue de la presse*
123 *Les médias en Russie*
124 *Trois pas sur la toile*
125 *Varia*
126 *Varia*
127 *Le corps saisi par l'image*
128 *Les T.I.C., objets de valeur*
coordonné par Yves Jeanneret et Emmanuël Souchier
129 *Internet vu du journalisme*
coordonné par Yves Jeanneret et Emmanuël Souchier
130 *Fonction éditoriale et Internet*
coordonné par Yves Jeanneret et Emmanuël Souchier
131 *Nouveaux théâtres de la mémoire*
coordonné par Yves Jeanneret et Emmanuël Souchier
132 *Livre et lien social* coordonné par Christian Robin
133 *L'information comme cristallisation de l'imaginaire*
coordonné par Yves Jeanneret
134 *L'image du texte* coordonné par Emmanuël Souchier
135 *Littérature et trivialité* coordonné par Yves Jeanneret et Emmanuël Souchier
136 *Batailles du marché et pouvoirs du signe* coordonné par Philippe Quinton
137 *Interactivité : attentes, usages et socialisation*
coordonné par Marie Després-Lonnet
138 *Sciences, médias et société* coordonné par Joëlle le Marec
139 *Une nouvelle vulgate pour la communication : le « constructivisme » ?*
coordonné par Yves Chevalier
140 *Du « document numérique » au « textiel »*
coordonné par Emmanuël Souchier
141 *Son et multimédia* coordonné par Sophie Pène
142 *Le signe en scène, un enjeu politique* coordonné par Emmanuël Souchier
143 *Productions médiatiques et logiques publicitaires*
coordonné par Valérie Patrin-Leclère
144 *Les collectifs d'apprentissage à l'épreuve du changement*
coordonné par Hugues Choplin et Eddie Soulier
145 *L'empreinte de la technique dans le livre* coordonné par Brigitte Juanals
146 *Tout peut-il être média ?* coordonné par Dominique Cotte

Pour l'analyse des images

PIERRE FRESNAULT-DERUELLE

Après nous avoir gratifiés de lectures d'images de genres, de natures et de supports distincts (bande dessinée, publicité et propagande[1]), Pierre Fresnault-Déruelle nous propose quelques éléments de méthode qui pourraient bien se résumer au fait qu'il n'y a pas, précisément, de recette en la matière, l'iconologie étant un art à réinventer sans cesse. Un art et non une science, on s'entend bien.

Fondée sur une lecture des divers contextes clairement situés qui la constituent et une prise en compte du « sujet de l'énonciation », la lecture de l'image est une herméneutique qui repose notamment sur une connaissance de la culture de l'image et sur les savoirs intersémiotiques de sa récriture. Car non seulement « l'image est un texte aussi », mais elle est toujours une « image d'image » et en cela « le lieu d'incessantes réévaluations ». Et c'est à cette dynamique de lecture – qui ressemble fort à une posture théorique – que nous invite Pierre Fresnault-Déruelle... à travers une lecture d'images, bien entendu.

Ce texte, consacré à la lecture des images, relève de l'iconologie. L'iconologie, pour nous, est une sorte d'iconographie savante. Qu'est-ce, alors, que l'iconographie ? Elle relève, à nos yeux, de l'esprit de collection. Pouvoir ajouter une unité aux images qu'on possède et dont on pensait qu'elles formaient déjà une famille dans nos classeurs, ou nos tiroirs, est un plaisir bien connu des amateurs de timbres-poste, de gravures de mode ou d'affiches (on fera grâce au lecteur du développement, trop attendu, sur la fameuse pièce manquante, objet de toutes les investigations). On l'a deviné, l'esprit de collection guide l'auteur de ces lignes ; à ceci près, cependant, qu'il n'est qu'un prétexte pour revenir sur ce qui s'est amassé chez lui et que la nouvelle image, achetée aux puces, chez un libraire en livres anciens, ou trouvée dans un magazine, enrichit et réactive soudain. Augmentée d'un membre, la famille d'images s'anime, qui voit telle lignée iconographique se doter d'une dimension entrevue seulement jusque-là. Voici donc que, grâce à l'arrivée d'une carte postale ou d'un dessin de presse, des formes ou des « motifs » se précisent, que l'anecdote ou le décor, ailleurs, avaient recouvert d'une gangue insignifiante ou pittoresque. En vérité, on s'aperçoit qu'on est plus riche qu'on croyait être, puisqu'une image est toujours une image d'image ; autrement dit, « derrière » (ou « sous ») l'image qu'on a sous les yeux, des configurations adventices viennent s'éclairer comme en transparence.

Les tableaux, photographies ou dessins qui nous environnent sont les états ultimes de formes en perpétuel

1. *Communication & langages*, n° 135 (2003), 139 et 141 (2004), 145 (2005).

devenir que le support fixe où elles s'inscrivent présente comme définitives ou « terminales » (rien de plus trompeur). L'image fixe, en outre, est d'autant plus prometteuse que le champ de la vision qu'elle colonise est un cadre qui laisse oublier qu'il est aussi un cadrage (un recadrage, un « surcadrage »... voire un « décadrage ») tout à la fois spatial et temporel. Enfin, parce qu'elle est une image d'image, l'image, toujours, est le lieu d'incessantes réévaluations.

Sans les travaux menés en leurs temps par les chercheurs de l'École Pratique de Hautes Études en Sciences Sociales (autour de la revue *Communications*), nous en serions sans doute encore à parler « de » l'image ou « sur » l'image... Si ces pratiques perdurent (ce qui n'est pas forcément une mauvaise chose, car la paraphrase à aussi ses vertus), l'on voit se développer des études qui se sont données pour tâche de « parler » vraiment l'image. Difficile de donner des noms (on court le risque d'être incomplet), tant ils sont nombreux désormais, qui relèvent de l'histoire de l'art, de la poétique, de l'anthropologie, de la psychanalyse, de la sémiotique ou de la médiologie. En bref, tout un corps de doctrines s'est établi qui, depuis une trentaine d'années maintenant, nous a fourni, d'une part, un ensemble de concepts (sorte de boîte à outils méthodologiques) issus des différentes branches des sciences humaines, d'autre part, des analyses suffisamment convaincantes pour imprégner les amateurs de ce type d'investigations que se trouve être la lecture des images.

Qu'est-ce que « parler » une image ? On partira de l'idée (désormais répandue) selon laquelle les images sont *aussi* des textes. C'est-à-dire des « tissus » (des textures) d'éléments capables de former des ensembles signifiants dont il est possible de décrire le fonctionnement et les effets induits. Ces images (arbitrairement réduites, répétons-le, aux seules images fixes), qui remplissent des fonctions d'expression ou de communication, de monstration ou de démonstration, qui usent de mille procédés rhétoriques, ces images, qui sont religieuses ou laïques, artistiques ou journalistiques, publicitaires ou politiques, se caractérisent d'abord par la nature de leur support. Autrement dit, selon qu'elle est placardée, éditée ou visualisée sur un écran, une même image produira des effets, sinon des significations, différents. À ce sujet le contexte de médiation et ce qu'on appelle « le message d'appartenance au genre » (ceci est une affiche de cinéma, ceci un timbre-poste, ceci un dessin « détourné », etc.) constitueront toujours une donnée essentielle pour l'analyste.

Sans plus attendre, on voudrait dire un mot de la fixité des images. Si, au cinéma, l'on en vient parfois à filmer l'immobilité d'un personnage, en d'autres termes à insister sur le mouvement comme possibilité non réalisée, on admettra, en retour, que la gesticulation, parfois extrême, de certains personnages de papier (les combats homériques dans *Astérix* ou les colères du Marsupilami) n'a rien d'un pis-aller : la bande dessinée – même si on l'a longtemps considérée comme telle – n'est en rien le « cinéma du pauvre ». De fait, les mouvements « gelés » des personnages du 9e art font de la bande dessinée un langage irréductible à toute adaptation. En d'autres termes, le dessin animé – ce frère de la BD – n'est pas, ne peut être, ce support où l'on passerait des cases au continuum filmique sans déperdition fantasmatique. Ce qui veut dire que, pour retenir ce seul exemple, le passage récent de *Corto Maltese* à l'écran – quelles qu'aient été les louables intentions des producteurs – ne pouvait qu'engendrer frustration et déception. Une bande dessinée est selon le mot de Henri Van Lier un « multicadre »[2] où le regard du lecteur, tout en accommodant sur les cases prises une à une, ne doit cependant pas perdre de vue l'ensemble (*strip* ou planche) au sein duquel les cases se raccordent tant linéairement que « tabulairement ». D'une façon plus générale, on considérera que le fait de passer outre les spécificités (ou les servitudes) de l'image fixe ne peut conduire qu'à d'inconséquentes approximations.

Mais laissons ces considérations sur le 9e art et attachons-nous à quelques points de méthode. Dans un site Internet (*imagesmag*) consacré à l'analyse des images, Alain Gervereau donnait cette règle empirique, mais efficace, consistant à respecter trois moments dans l'analyse : la description, la recherche des contextes, l'interprétation. Si l'expérience nous mène à comprendre vite que ces trois moments sont en fait indissociables (exemple : décrire, c'est déjà interpréter), force est de reconnaître que nous tenons là, sinon une méthode, du moins une marche à suivre. Tentons d'en illustrer les étapes, en proposant une première analyse.

En 1991, le magazine *Elle* publiait un manifeste pour les parfums Fendi.

Image N° 1 : Publicité FENDI (*La passione di Roma*)
Droits réservés

2. Henri Van Lier, « La bande dessinée, une cosmogonie dure », *Bande dessinée et modernité*, Futuropolis/CNBDI, 1988.

D'évidence la publicité mise sur une hyperbole : une femme, « folle » de Fendi, perd le sens commun au point d'embrasser une statue. Que signifie au juste cette image ? Et, d'abord, comment la décrire en tenant compte de la perte d'information due au fait qu'elle constitue ici la reproduction miniaturisée (et en noir et blanc) d'une publicité de magazine, en couleurs qui plus est (23 cm × 29,7 cm, tonalité générale rose ocre). Le flacon, dans la partie inférieure, est jaune ambre et noir ; le haut du visage du personnage de marbre, pour sa part, confine à un blanc laiteux, alors que la partie droite de sa tête ainsi que sa poitrine *reprennent* certaines des nuances du personnage féminin, avec une valeur moins soutenue, toutefois. Le choix des mots est, en l'occurrence, décisif. Le lecteur a d'emblée remarqué le caractère approximatif du donné chromatique tel qu'on a essayé de le traduire. En particulier cette hésitation avec laquelle nous avons tenté de rendre compte à la fois des nuances du coloris et de la distribution desdites nuances. Quels vocables choisir, en effet ? Et pour quels desseins ? S'agit-il simplement de rendre compte des passages de la lumière et de l'ombre dans un registre donné, registre qui, pareil à l'action d'un filtre, ne viserait qu'à homogénéiser le monde en sa diversité ? Ou bien, s'agit-il, plus subtilement, de se ménager les moyens d'un *jeu d'interférences* entre les valeurs affectant les objets : le visage de cette femme et ce buste marmoréen ? Si tel est le cas, il est aisé de comprendre que l'approximation dont on a fait état ne cherche qu'à traduire l'ambiguïté même de la scène en question : de la pierre à la chair (et inversement) la vie semble affluer et refluer. « Circulation » qui n'est évidemment pas sans nous troubler. Faut-il « lire » (mais déjà nous anticipons sur l'interprétation) que la femme, qui s'est hissée jusqu'aux lèvres de la statue, lui communique sa chaleur qui est en passe d'animer l'éphèbe ? De fait, les yeux grand ouverts et comme songeurs du personnage antique, ainsi que sa fossette au coin droit de la bouche se chargent, *du seul fait de la proximité immédiate du visage féminin*, d'on ne sait quelle ironique gratitude. Quelque chose participant du complexe de Pygmalion se joue dans cette image[3]...

Quittons un moment cette étrange scène. Et passons au second point annoncé plus haut : la recherche des contextes. C'est peut-être là que résident les principales difficultés. Les contextes, en effet, sont nombreux, souvent de natures différentes, et ne cessent d'interférer les uns sur les autres. Essayons d'en dresser la liste :

a) le contexte historico-géographique.
b) le support de médiation,
c) le sujet de l'énonciation,
d) les contextes culturels (dont l'imaginaire linguistique),
e) l'image elle-même, en tant qu'elle est son propre contexte.

Reprenons un à un ces contextes et précisons de quoi il retourne.

a) Les réflexes de l'historien (qui, avant toute chose, date et situe dans l'espace) doivent être les nôtres. Pour ce document, donc, nulle difficulté[4],

3. Rappelons que Pygmalion tombe amoureux de la statue qu'il sculpte. Émue, Aphrodite donne la vie à la statue (Ovide, *Les Métamorphoses*, Livre X).

4. On le sait : la recherche d'une date, voire d'une époque concernant telle ou telle image (carte postale, photo, affiche, peinture, etc.) est parfois chose délicate. Pour telle image, l'histoire du costume ➤

b) Le support de médiation. La prise en considération du support de l'image est évidemment primordiale en une époque vouée à la duplication généralisée. Outre les « bruits » intrinsèques, liés à la reproduction, il convient de restituer les dimensions mêmes de l'image[5]. Pourquoi ? Revenons à notre publicité Fendi (extraite, on l'a dit, d'un magazine). La composition de notre image n'est fondamentalement pas différente de celle des affiches apposées dans les abris bus, par exemple. Et pourtant, cette remarque, pour banale qu'elle soit, nous permet de comprendre très vite que le spectateur, confronté à des représentations *comparables*, mais reproduites à des échelles différentes, n'est pas *affecté* de la même manière selon qu'il s'agit d'une image de 24 cm × 30 cm ou son équivalent reproduit sur deux mètres carrés. « Pour moi, dit Merleau-Ponty, qui perçois, l'objet à cent pas n'est pas présent et réel au sens où il l'est à dix pas »[6]. En tout état de cause, l'implication du spectateur repose sur des intensités visuelles nécessairement différentes, engendrant tel ou tel effet de sens.

c) Le « sujet de l'énonciation ». Fréquentes sont les occasions de constater que les signifiants sur lesquels s'est exercé le travail de l'imagier « débordent » les signifiés *a priori* escomptés par lui (ou, inversement, mobilisés en premier lieu par le lecteur). De sorte que se présente souvent une marge d'incertitude quant au sens, sur lequel l'analyste peut se mettre à travailler (marge qui peut nous mettre « la puce à l'œil »). Cette zone de flottement, qui se situe quelque part entre l'intention de l'auteur et l'attente du lecteur/spectateur (intention et attente qui ne passent pas par une claire conscience de leur objet), nous l'appellerons « le sujet de l'énonciation ». Prenons un exemple étranger à notre réclame : *Le Violon d'Ingres* de Man Ray.

➤ nous mettra sur la voie, pour telle autre, ce sera la « manière » même du dessin. On se souvient, à cet égard, de l'affiche d'une exposition de peinture représentant des personnages habillés comme on l'était au XVIIIe siècle. Or ces personnages se promenaient sur une plage rocheuse… La notification du lieu était l'élément clé de notre enquête : le bord de mer en tant qu'objet pittoresque (et pour ce qui regarde la peinture de genre non-hollandaise) ne devint un motif possible qu'à partir du moment où le rivage devint un lieu aimable (guère avant les bains de mer peints par Eugène Boudin). Tous comptes faits, ces personnages étaient anachroniques, qui se promenaient comme seuls pouvaient se promener des promeneurs peints du XIXe siècle (des peintres pompier comme Meissonnier abondèrent dans ce registre).

5. D'une manière générale le bruit est ce qui gène la communication. On se souvient que, pour des raisons de mise en pages, un maquettiste qui travaillait pourtant pour une revue d'art avait trouvé le moyen de réduire à un format identique une nature morte hollandaise et *L'Enterrement à Ornans* de Gustave Courbet ! Dans une veine comparable, projetant sur un écran une fuite en Égypte de Rembrandt (celle du musée de Tours), nous avons dû, longtemps, insister auprès de notre auditoire sur le fait que la toile en question, agrandie par le faisceau du projecteur, était de dimensions fort modestes : il s'agissait précisément d'un tableau de dévotion (peint pour être accroché dans la chambre d'un dévot). Bref que cette toile n'était en rien comparable aux grandes machines peintes qu'étaient les retables, par exemple, destinés autant à embellir les églises qu'à impressionner les fidèles.

6. Maurice Merleau-Ponty, *Phénoménologie de la perception*, NRF, [1945] 1993, p. 348.

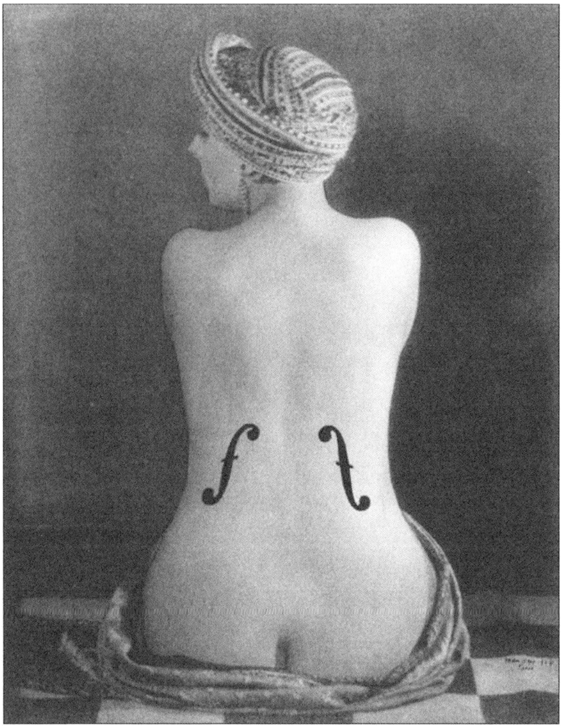

Image N° 2 : *Le Violon d'Ingres* par Man Ray
© Man Ray Trust-ADAGP, Paris, 2006

Les relations, problématiques, entre ce portrait photographique, le collage dont il est le lieu, l'esthétique pictorialiste (c'est une quasi-peinture), le sens de l'ironie, pour ne rien dire des relations artistes/modèles qu'induit ce portrait, dépassent, de loin, le seul niveau du jeu de mots – *Violon d'Ingres* – trouvé par Man Ray. Cet excès de sens, que nous avons nommé « le sujet de l'énonciation », est aussi ce par quoi le facétieux photographe nous parle de sa condamnation d'un art classique, trop souvent réduit à une iconographie complaisante, de la question du pastiche, de la correspondance entre les arts, des rapports machistes du peintre avec sa « muse », etc. Toutes choses dont on comprend que, décidément, elles débordent le propos apparemment donné en première instance. En d'autres termes, si Man Ray nous signifie quelque chose, quelque chose d'autre se dit, ici, simultanément, au corps défendant de l'auteur.

d) Sans doute, est-il temps d'aborder nos derniers points : les contextes culturels. Une image est souvent destinée à « illustrer » un propos, un fait (c'est le propre de ce que qui fut longtemps la peinture d'histoire), voire à moquer un événement (la caricature). Les grands textes (*la Bible*, La Fable antique, etc.), furent les « prétextes » des peintres, comme aujourd'hui l'actualité est le pré-texte des humoristes. La place nous manque, mais on comprend qu'il faudrait aborder les relations duplices du *pré-texte* et du *prétexte* (l'alibi, la raison avancée). Disons cependant un mot de ce « pré-texte » particulier qu'est l'imagerie verbale dont l'image iconique semble être parfois la figuration. Pour ce faire, revenons aux parfums Fendi. « Fondre au contact de quelqu'un », « ne pas être (ou être) de marbre ou de bois », sont des métaphores dont on peut se demander justement si elles ne furent pas inconsciemment « mobilisées » par le publicitaire lors de la construction de notre image. Des enquêtes montrent, en effet, que les imagiers, artistes ou graphistes ne pensent pas toujours explicitement au pré-texte dont on parle. Ce qui laisse à penser que les images sont bien souvent « inventées » (au sens où l'on (re)trouve un trésor). On a saisi que le fonds métaphorique de la langue (cette sorte de « matière première »), où puisent créateurs et lecteurs, n'est pas nécessairement identifié au moment de l'« invention » de l'image ou de sa lecture. À quoi s'ajoute la nébuleuse des références mythiques qui ne peuvent qu'avoir contaminé nos souvenirs d'iconographe. À cet égard, Fendi renvoie bien évidemment à l'immense réservoir de représentations où interfèrent vivants et « transis », personnages et statues, pétrification et animation, etc.

e) Nous ne saurions clore notre inventaire sur les contextes sans dire un mot de l'image elle-même, en tant que « machine » autoproductive. Expert en sémiologie de l'image, Michel Tardy a forgé le terme de « sémiogénèse »[7], terme qui réfère à la capacité qu'ont les informations visuelles véhiculées par l'image (ici : la femme et ses boucles d'oreilles, le flacon, la statue, le baiser, etc.) de se constituer les unes les autres comme autant de signes *uniquement valables au sein de l'image en question*. Le jeune éphèbe et sa compagne jouent des rôles spécifiquement déterminés par la situation représentée. Éclairons la lanterne du lecteur, et convoquons sans plus attendre deux nouvelles images (A et B).

A) Il s'agit un dessin d'humour signé Hin, destiné à illustrer ce jour-là la rubrique du courrier des lecteurs du journal *Le Monde*.

Image N° 3 : Le courrier des lecteurs par HIN

7. Selon Michel Tardy la « *sémiogénèse* » est la capacité qu'a une image de fonctionner comme son propre contexte, contexte au sein duquel les informations visuelles deviennent des signes spécifiques au messages visuel en question. Parmi les très nombreux articles écrits par Michel Tardy on citera « J'ai regardé ce dessin..., ou Le voyage de noce des isotopies », *Bulletin de psychologie*, Tome XLI-n° 386, 1988.

Un stylo-patient est venu consulter un stylo-psychanalyste (passons sur le fait que tout un travail d'ajustements sémantiques s'est opéré, aux termes duquel nous avons été capables de caractériser cette scène). Parce qu'il a des « idées noires » le personnage allongé s'épanche, à tous les sens du terme. L'épanchement désigne en effet une communication libre et confiante et l'expansion pathologique d'un liquide organique (un épanchement de synovie). Il se trouve que le mot « épanchement » a la vertu de condenser deux niveaux de signification qui, dans notre dessin, font système, puisqu'on sait que la parole est souvent comparée à un flux (un flot de paroles) et qu'en matière de liquides, les stylos sont des objets susceptibles de fuir. Considérer qu'un stylo-patient-lecteur, en demande d'éclaircissement, est à même de produire une tache d'encre dit bien la finesse de l'humoriste : la tache est au brouillage mental ce qu'une bulle normale de bande dessinée peut être à la pensée maîtrisée d'un personnage. En somme, la tache d'encre est ici – et ici seulement – le signifiant du signifié « névrose » ou « confusion ». Telle est la sémiogénèse : l'élaboration d'un signe (ou d'un système de signes, c'est-à-dire un code) du fait même de la manipulation d'un thème donné, pictural ou textuel.

B) Soit ce dessin de presse signé Brito paru dans *Le Monde.*
Nous sommes fin janvier 2005, le procès des écoutes téléphoniques de L'Élysée bat son plein (L'affaire, comme on sait, remonte à la mandature de François Mitterrand).

Image N° 4 : Dessin de Brito

Comme Dieu juché sur son nuage, François Mitterrand écoute les hommes. Doté d'une énorme paire d'oreilles il ne perd pas un mot de ce qui se profère (ou se susurre) en France ; à Paris, en particulier, et plus spécialement dans les milieux judiciaires, lors du procès qu'on a dit.

Le dessin de Brito est ainsi fait que nous balançons entre deux points de vue :

– Faut-il considérer, comme tout nous y invite, que l'ex-président de la République est dessiné de face, le bas du corps caché par la nuée, comme si celle-ci valait pour le bureau derrière le chef de l'Exécutif avait coutume de se tenir en présence des journalistes ? François Mitterrand croise les doigts, à l'instar des casuistes soucieux de ne laisser passer que ce qu'ils veulent dire exactement. Il y a, de fait, du sphinx dans cet homme difficilement pénétrable. Il n'est pas niable que l'homme d'état ressemble, aussi, à un ange. Les oreilles hypertrophiées du personnage lui font comme des ailes. Au reste, le Président a l'air de prier. Or, en vérité, il écoute : le trépas ne lui a pas enlevé ses habitudes. Sous un air « détaché », ce hiérarque de l'Administration céleste continue donc d'espionner. D'où il découle que, même hors d'atteinte – mais non hors de cause ! – Mitterrand fait (également) figure de transfuge.

– La seconde façon de regarder le dessin de Brito consiste à considérer le personnage couché sur son lit de mort : s'il n'est pas un suaire, le nuage noir participe de la nature funèbre de la scène. Le visage du président est cadavérique et ses mains semblent avoir été disposées à la façon de celles d'un défunt. Faut-il dire, alors, que c'est justement parce que Mitterrand est plongé dans le « grand sommeil » qu'il vient hanter l'actualité ? François a des airs de revenant.

La sémiogénèse (autrement dit, le dispositif à produire des signes) que met en place Brito, veut, encore, que ce nuage noir se charge d'une autre connotation. La nuée métaphorise-t-elle ainsi le « lourd climat » du procès, dont l'atmosphère empoisonnée n'a pas laissé indifférents les chroniqueurs. Les journaux l'ont répété à l'envi : on ment comme on respire dans l'enceinte du palais de justice. D'évidence, Brito a voulu que ce nuage fût comme saturé de tous les « miasmes » de cette affaire.

Ajoutons que ce dessin de presse procède de l'association d'un genre, d'un mode et d'un régime. Le genre, c'est celui de l'allégorie ; le mode, celui de la charge ; le régime relève du traitement hyperbolique. Mais, de ces trois qualifications, c'est la première qui l'emporte : Mitterrand, croqué pour l'un de ses travers majeurs, incarne (si l'on ose dire) la Duplicité. L'allégorie qui, aux siècles classiques faisait partie du grand genre, renaît dans la seconde moitié du XIXe s. avec la réclame et l'humour graphique. Par exemple, Grandville humanise les animaux pour représenter des idées générales ou des caractères (le Bourgeois, le Banquier aussi bien que l'Avarice ou la Méchanceté). Mais alors que Grandville (et quelques autres) accède à la vérité des types dont était peuplée la comédie sociale de son temps, ce sont, aujourd'hui, sur des situations politiques que nombre de dessinateurs (dont Brito) exercent leur verve rhétoricienne. *À l'écoute...* est exemplaire à cet égard, qui réunit, d'une part, la caricature (c'est-à-dire un certain art du portrait), d'autre part, l'à propos d'une métaphore complexe (hypocrisie, mœurs florentines, arbitraire régalien). François Mitterrand qui, de son vivant se croyait *au-dessus* des lois, récidive dans l'imaginaire des hommes. On ne prête qu'aux riches.

Retour à Fendi, au contexte et au « sujet de l'énonciation ». Au vrai, confronté à ce manifeste, nous ne savons trop que penser. Certes, la petite phrase « La passione di Roma », facilement assimilable à « la passion pour l'antiquité » nous permet de faire le lien avec le parfum lui-même, ceci dans la mesure où Fendi se donne comme mot italo-latin (la *base line* est bien « Fendi Roma », et les lettres sont des capitales romaines). Certes, la « passionnée », coiffée comme une patricienne, et qui s'est dotée, en guise de boucles d'oreille, d'une minuscule amphore ne peut que nous maintenir dans cette assimilation du parfum (sans nul doute capiteux) à l'atmosphère particulière dont Rome ne se serait jamais complètement départie. Dans un article consacré aux architectures classiques de Giorgio de Chirico, René Crevel avait eu ce mot, si intensément symboliste : « On a dû respirer le même air dans les villes qui furent ensevelies »[8], qui veut dire que ce qu'on appelle l'espace-temps n'est pas assez fort pour nous séparer vraiment de ce qui fut. Désenfoui, et à deux millénaires de distance, le Forum serait encore imprégné de cette fragrance qui ferait dire aux médiums que les Romains sont toujours parmi nous. Serait-ce cela le génie des lieux (*genius loci*) ? Il reste que nous sommes un peu perdus dès lors qu'il est question de faire *véritablement* la jonction entre le parfum Fendi et l'étrange comportement de cette femme. Pourtant, si insensée soit-elle, la scène nous est secrètement familière, qui participe de « l'inquiétante étrangeté » (*unheimliche*) dont parlait Freud[9]. Elle est, par exemple, le contraire – c'est-à-dire *l'équivalent* – de la fin de *La Belle au bois dormant*. Souvenons-nous : un jeune homme, venant embrasser une jeune fille frappée d'un sommeil éternel, permet à celle-ci de retrouver ses esprits. Si les rôles ont permuté, le dispositif général reste inchangé. Voici qu'une jeune femme, n'y tenant plus (mais qui, opportunément, se serait habillée d'une fourrure pour affronter son glacial amant), ose franchir cette limite séparant les vivants de leurs immobiles images. Pour faire bonne mesure, ajoutons que l'annonce Fendi n'est pas éloignée de cette pratique consistant à déposer un baiser sur la photographie d'un cher disparu comme si le personnage photographié, figé pour toujours, devait en tirer quelque réconfort. À cette attitude nécrophilique s'ajoute encore ceci : le parfum (nous y voici) remplirait une fonction magico-chimique proprement miraculeuse. *Olor di femina*, il serait ce qui, capable de vaincre l'inertie de la matière, participerait à la spiritualisation de celle-ci. Bref, il est question d'un réveil, voire d'une résurrection : (parce que) pétrifié (c'est-à-dire immortalisé) à la fleur de l'âge, l'éphèbe, sous l'effet d'une sollicitude érotique, est en train de revenir au monde. Symétriquement, il est tentant de voir dans ce baiser donné l'acte par lequel, succombant au charme de l'homme de pierre, l'amoureuse lui donne littéralement sa vie.

Rappelons-nous le récit fantastique de Mérimée, *La Vénus d'Ille*. Nous conjecturions que le héros mourait étouffé entre les bras de la statue. La nouvelle, terrifiante, tirait sa force du fait que l'auteur avait pu réactualiser sous un jour quasi vraisemblable l'éternelle crainte que nous avons tous de voir revenir les revenants. Toutes choses égales, notre héroïne, amoureuse de L'Antiquité jusqu'à vouloir *faire œuvre*

8. René Crevel, *Le Cahier vert*, 1923.

9. Sigmund Freud, « L'inquiétante étrangeté », *Essais de psychanalyse appliquée*, NRF, [1933] 1976.

de chair avec l'éphèbe, se serait décidée, jouant son va-tout, à tenter le Diable. L'idée profondément païenne d'un pacte avec les forces obscures où l'anéantissement de la fille s'échangerait contre l'animation de la sculpture, affleure ici. Pour un peu – l'attitude publicitaire consistant à feindre d'aller trop loin – il s'agirait de faire de la scène un pacte avec le Malin. C'est qu'une telle image nous renvoie également au récit de Don Juan, autrement appelé *L'Invité de pierre* (*Convidado de piedra*) où, comme on sait, le libertin se rend à l'appel du Commandeur. Faut-il voir dans la Séductrice de Fendi ce nouvel esprit fort décidé à braver la Mort ?

Dernière filiation de la publicité avec ce qu'il est convenu d'appeler l'intertexte. C'est également au « retournement » du mythe de Pygmalion que nous assistons. Si, selon Ovide (*Les Métamorphoses*) la statue se métamorphosait en une Galatée avec qui le sculpteur pouvait faire l'amour (il en a des enfants), l'image de Fendi est construite de telle manière qu'on y peut voir le scénario par lequel c'est, au contraire, la femme qui, pour sceller son sort à celui de l'éphèbe, désire se pétrifier. S'abolissant dans le néant (elle ferme les yeux), la femme qui embrasse son impassible amant présenterait, dans ce cas, ce signe ambigu entre tous : ces lèvres entr'ouvertes qui vont (ou viennent de) déposer un baiser ne disent-elles pas l'expiration ? Ce *pneuma* grâce auquel l'éphèbe accéderait à la conscience serait précisément le dernier souffle de l'amoureuse. La publicité dirait, au sens fort du terme, *le ravissement*[10]. Le vertige dont nous parle cette publicité n'est pas sans lien – on l'a compris – avec cet air du temps, celui d'un certain décadentisme, qui veut que se multiplient (comme au temps du Symbolisme) les refus du principe de réalité : « Il n'y a rien de plus beau que ce qui n'existe pas » pourrait dire cette jeune personne qui, dans son désir de rejoindre en Arcadie[11] son bel amant à jamais protégé de la décrépitude, échapperait, à la déchéance : « Je suis belle, ô mortel, comme [*ce*] rêve de pierre »... À preuve, ce flacon, dont la forme pyramidale évoque un cénotaphe, ne fait qu'ajouter à la dimension mortifère de l'annonce. *Embaumée* à tous les sens du terme, la jeune femme semble s'être protégée de l'injure du temps. Fendi aura été son viatique. Mais, il ne s'agit que d'une publicité, et le jeu avec la mort, tout en filigrane, n'est posé que pour être aussitôt court-circuité : embrasser une statue – pratique insensée, mais ô combien troublante – est l'acte par lequel la figurabilité, autrement dit la pensée allégorique, se manifeste sans crier gare. Car, si tant est que la filiation métaphorique marbre/glace puisse être dégagée, l'image devient insensiblement le support de l'idée suivante : avec le parfum Fendi, une femme est capable de faire « fondre » l'homme le plus froid. Deux choses contradictoires se profèrent ici. On veut dire que la dimension euphorique de cette annonce (acheter Fendi, c'est se donner les moyens de ses ambitions) ne prend sa véritable valeur qu'en se « superposant » au fond scandaleux (« s'éclater dans la folie ou la mort ») qui joue ici le rôle de « basse continue ». Deux plaisirs se conjugueraient donc : un plaisir licite lié à la conquête amoureuse (et offrant une réponse à

10. Cette thématique de l'ivresse (où, malgré tout, le flacon n'est pas sans importance !) est chose relativement courante dans le domaine des publicités pour parfums. Qu'on se reporte à cet égard aux annonces « Opium » (de chez Yves Saint-Laurent) ou « la nuit » (de chez Sinan) qui n'hésitent pas à nous montrer des femmes renversées, comme comblées de s'être laissées emporter aux frontières de l'existence.

11. L'Arcadie est le royaume mythique de l'âge d'or.

l'angoisse de se sentir démuni), un plaisir illicite renvoyant à la fascination extatique de la perte de soi. Le culte – délétère – rendu à la drogue n'est pas loin !

On parlait, plus haut, du « sujet de l'énonciation », en rappelant qu'il était ce qui se négociait *entre l'intention*, avouée ou non, de l'un (le publicitaire, le photographe, etc.) *et l'attente*, clairement formulée ou non, de l'autre (l'acheteur, le spectateur). Par où il ressort que le sens d'une image viendrait ainsi coïncider avec son commentaire où, en principe, doivent se transcrire, sous des formes discursives suffisamment souples, les échanges, continuités et retournements capables d'opérer entre émission et réception (étant entendu qu'il y a nécessairement un lecteur chez un producteur de signes et inversement). Fort de ce qui précède, on peut légitimement penser que la conception de cette publicité ne fut pas étrangère à cette idée selon laquelle était intégré le fait qu'on sollicitait chez le lecteur/consommateur des représentations partiellement refoulées, mieux, des représentations dont le refoulement même était le gage de leur force. D'où, en retour, les précautions *oratoires* – c'est tout l'art du slogan – dont cherche à s'entourer le publicitaire. Barthes parlait de la fonction d'ancrage jouée par le texte. Pour notre part, nous inclinerions à parler de cette même fonction, non pas tant du point de vue de l'ancrage que de ce dont elle permet l'exercice : *l'entre-diction*, où censure et suggestion se trouvent mêlées. Nous voilà, sans doute, en meilleure posture pour déjouer la sempiternelle question : « croyez-vous que l'auteur ait voulu dire tout ceci ? ».

On l'a compris, l'imagier (ou l'artiste) n'use pas d'une rhétorique impliquant les mots, les choses (ici les comportements) et les images s'y référant, avec pour seule visée la lisibilité. Communiquer, c'est aussi savoir gérer cette marge d'incertitude évoquée plus haut. Quoi qu'il en soit, la publicité ici retenue est une machine psycho-sémiotique qui, *à l'abri* du message linguistique (*La Passionne di Roma*), cherche à se conjoindre aux figures de l'indéfectible désir, dont on sait les ruses qu'il peut déployer. L'homme de marbre, blanc comme un trou de mémoire, désigne le manque où se creuse toute nostalgie (cette forme esthétique du sentiment de la perte) et le parfum, si fortement lié aux fantasmes de reviviscence, paraît s'offrir comme le seul recours de cette romaine d'aujourd'hui à la recherche de l'Âge d'Or. Son égarement est, certes, dérisoire mais il est aussi pathétique, et pour cette raison le nôtre. À cet égard, Fendi est un médicament…

PIERRE FRESNAULT-DERUELLE

PRESSE

Journalisme : une certaine mort annoncée...

JOSÉ-MANUEL NOBRE-CORREIA

Le journalisme né au cours du XIXe siècle a parcouru un long chemin pour s'autonomiser face aux divers pouvoirs et respecter chaque jour plus le droit des citoyens à une information indépendante de qualité. L'évolution des médias depuis un demi-siècle met cependant en évidence sa crise. Sous la pression de facteurs externes divers – économiques, socio-politiques et technologiques –, le journalisme fait en tout cas l'objet d'une profonde mutation et sa pratique devient de plus en plus problématique. L'auteur se demande, dès lors, si l'on ne se trouve pas tout bonnement à la veille de la disparition du journalisme en tant que métier s'adressant au « grand public »...

Détrompons-nous : l'âge d'or du journalisme n'a jamais existé. Dès son émergence comme art d'informer les autres, le journalisme a toujours été soumis aux aléas de ses rapports au pouvoir et à la politique, comme de ses liens avec les milieux économiques et financiers, aux contingences de l'audience et de la concurrence, aux incertitudes de l'actualité et de ceux qui produisent les journaux.

On peut évidemment situer la naissance du journalisme à l'aube de l'humanité et à la transmission d'informations entre les hommes, à l'apparition des conteurs ou des messagers, à la naissance de l'écriture ou à celle des *Actas diurnas* romaines, à la mise en place de réseaux d'information politico-militaires ou marchando-banquiers, à la « découverte » de l'imprimerie typographique (de Gutenberg, Coster ou Walfoghel), à la création de la presse périodique (fin du XVIe-début du XVIIe siècles) ou, bien plus tard, à l'industrialisation de la presse (au XIXe)...

Disons, pour faire bref, que la manière de concevoir la couverture de l'actualité et son traitement, que le métier de journaliste, tel que nous le comprenons aujourd'hui, est né durant les deux derniers tiers du XIXe siècle. Avec la révolution industrielle, la démocratisation de la vie politique, l'urbanisation et la scolarisation. Avec le souci de faire parvenir les journaux à un public plus large qu'auparavant. Avec la lente transformation de la presse, naguère artisanale, en une activité créatrice d'emploi et de rentabilité.

L'APPORT DE LA CONFRONTATION

Fortement marquée par l'empreinte politique et littéraire des siècles précédents [1], la presse a peu à peu progressé vers un compte-rendu des faits (collectés et vérifiés par les soins des rédacteurs du journal) qui ne dispensait pas pour autant d'une mise en perspective et d'une analyse, voire, au besoin, d'une prise de position face aux grands événements et thèmes de la vie quotidienne.

Certes, les instrumentalisations étaient monnaie courante (surtout pendant les périodes de tension politique, sociale ou militaire [2]), tout comme la corruption (aussi bien avant la Première Guerre mondiale que dans l'entre-deux-guerres [3]). En outre, la concurrence effrénée pour parvenir à atteindre un public de plus en plus large a poussé les journaux à une stratégie éditoriale privilégiant l'événement au détriment du cours des choses [4]. En montant en épingle ce qui était favorable à l'émotion plutôt qu'à la raison (les dérives de la presse dite « populaire » ne datent pas d'aujourd'hui, son attrait pour les faits-divers, les crimes et le sang était déjà évident dans les dernières décennies du XIXe siècle [5]).

Il n'en reste pas moins que la factualité de l'information et l'éventail de ses origines géographiques n'ont fait que se renforcer. L'apparition de la radio, d'abord (années 1920-1930), de la télévision, ensuite (années 1940-1950), n'y ont pas été pour rien : les citoyens disposaient désormais d'une pluralité de médias (contre le journal généralement unique auparavant) qui leur permettait de confronter l'information qui leur était proposée. Il devenait ainsi particulièrement malaisé d'escamoter les faits évoqués par ailleurs par les autres médias : *L'Humanité* et *Le Drapeau rouge* [6] pouvaient de plus en plus difficilement faire l'impasse sur la dissidence en URSS et en Europe de l'Est, alors que *Le Peuple* [7] ne pouvait plus songer annoncer à ses lecteurs qu'il ne serait plus question dans ses pages des activités du courant de gauche au sein du Parti socialiste belge...

Les progrès dans le traitement de l'information se sont encore accentués avec l'autonomisation de la radio et de la télévision (dans les années 1950-1970, selon

1. Thomas Ferenczi, *L'Invention du journalisme en France*, Paris, Plon, 1993, p. 12-17 et 19-42 ; Marc Martin, *Médias et journalistes de la République*, Paris, Odile Jacob, 1997, p. 61-63 ; Christian Delporte, *Les Journalistes en France 1880-1950*, Paris, Seuil, 1999, p. 52-60.

2. James Curran et Jean Seaton, *Power without responsability*, Londres, Routledge, 1991, p. 49-83 ; Marc Martin, *Médias et journalistes de la République*, p. 116-118 et 231-270 ; Giovanni Gozzini, *Storia del giornalismo*, s.l., Bruno Mondadori, 2000, p. 200-205.

3. Thomas Ferenczi, *L'Invention du journalisme en France*, p. 16 et 220-221 ; Christian Delporte, *Histoire du journalisme et des journalistes en France*, Paris, PUF, 1995, p. 30-36 et 46 ; Christian Delporte, *Les Journalistes en France 1880-1950*, p. 140-157 et 206-213.

4. Alban Bensa et Eric Fassin, « Les Sciences sociales face à l'événement », in *Terrain*, Paris, n° 38, mars 2002, p. 5-20. Voir aussi J.-M. Nobre-Correia, « La logique de l'événement », in *Information et Media*, Bruxelles, MCF, 1979, p. 143-150.

5. Thomas Ferenczi, *L'Invention du journalisme en France*, p. 215 et 222-225 ; Christian Delporte, *Histoire du journalisme et des journalistes en France*, p. 30-36 ; Marc Martin, *Médias et journalistes de la République*, p. 42-44 et 65-66 ; Christian Delporte, *Les Journalistes en France 1880-1950*, p. 64-68 ; Giovanni Gozzini, *Storia del giornalismo*, p. 170, 174.

6. Organes respectivement du Parti communiste français et du Parti communiste belge (1921-1991).

7. Organe du Parti socialiste belge (1885-1998).

les pays d'Europe) par rapport au pouvoir politique. On a pu ainsi entendre et voir des acteurs de la vie sociale et politique qui, auparavant, n'avaient pas droit d'accès à l'antenne, ne faisant pas partie des structures dominantes du pouvoir.

Les mécanismes de freinage

Un tel processus ne fut pourtant qu'un feu de paille : au moment même où la presse, la radio et la télévision gagnaient en autonomie par rapport aux pouvoirs, en affirmant leur indépendance et leur quête de rigueur dans l'approche de l'information, des mécanismes divers se mettaient en route qui allaient entamer petit à petit ces acquis, conquis de haute lutte tout au long de presque un siècle et demi.

Là où la publicité était devenue une ressource d'appoint de la presse vers les années 1830, elle deviendra une recette de plus en plus importante à partir des années 1860. Pour devenir une donnée essentielle dans la gestion des entreprises de presse dans l'entre-deux-guerres. Et une donnée déterminante dans l'après Deuxième Guerre mondiale. Aujourd'hui, les recettes des grands quotidiens et périodiques provenant des ventes au numéro et des abonnements sont souvent résiduelles, la publicité intervenant quelquefois pour 60 à 70 % dans les recettes [8], quand ce n'est pas à 100 % (comme c'est le cas de très nombreux périodiques gratuits et des désormais nombreux quotidiens gratuits). Alors qu'en matière de radio et de télévision, les recettes publicitaires de tous genres dominent largement l'économie de ces deux secteurs, surtout depuis la démonopolisation de l'audiovisuel des années 1970-1980 [9].

Cette emprise croissante de la publicité sous toutes ses formes a entraîné une pression croissante des annonceurs sur le contenu des médias. En amenant les responsables de ceux-ci à accorder plus d'importance à des sujets susceptibles de favoriser l'acquisition des produits et services de leurs annonceurs. En proposant des thèmes de suppléments, encarts, magazines et « directs » divers (voir l'importance prise par les salons de l'automobile, des vacances ou du bâtiment, par exemple). En exerçant des représailles quand le traitement de sujets plus ou moins directement liés à leurs activités ne leur convient pas (non-envoi de communiqués de presse, non-invitation à des conférences de presse, refus d'interviews...). En retirant des budgets publicitaires aux médias qui se montrent peu attentifs à leurs avertissements [10]. Aussi, l'établissement de l'« agenda » de l'actualité et la hiérarchisation de l'information ont peu à peu subi une distorsion favorable aux intérêts des annonceurs [11].

8. Dans un article intitulé « les quotidiens nationaux et le théorème de Girardin », Laurent Greilsamer avançait les chiffres de 35 % pour *Le Monde* et de 60 % pour *Le Figaro* (in *Le Monde*, Paris, 13 janvier 2005, p. 1 et 22). Voir aussi Jean-Marie Charon, *La Presse quotidienne*, Paris, La Découverte, 1996, p. 77-79.

9. Enrique Bustamante, *La Televisión económica*, Barcelone, Gedisa, 1999, p. 120-133.

10. Ce fut le cas des exploitants des salles de cinéma bruxelloises à l'égard des pavés publicitaires dans le quotidien *Le Soir*, il y a déjà quelques années, ou bien de l'ancienne compagnie d'aviation belge Sabena à l'égard du quotidien *De Morgen*, plus récemment.

11. Voir à ce propos le dossier coordonné par Valérie Patrin-Leclère, « Productions médiatiques et logiques publicitaires », in *Communication & langages*, Paris, n° 143, mars 2005, p. 3-48.

LES MÉCANISMES DE DISTORSION

Pour les milieux d'affaires, il ne suffisait cependant pas d'intervenir par le biais de la publicité. Aussi, ont-ils cherché à intervenir dans le système de collecte des informations, en fournissant eux-mêmes les « informations » et les « analyses » qu'ils souhaitaient voir publier par les journaux sous forme de contenu « rédactionnel ». Une démarche dont s'inspireront les milieux dirigeants et surtout les milieux politiques, voire les milieux syndicaux et associatifs [12]. L'avalanche de communications diverses des entreprises, institutions et associations a submergé les rédactions, amenant bien souvent les journalistes à ne plus exercer les démarches essentielles de vérification des éléments factuels et de mise en perspective de ceux-ci.

Aussi, les « événements » de l'actualité sont de plus en plus le fruit d'un travail méthodique de services de presse, de directions de communication et d'agences de communication événementielle, agissant pour le compte d'entreprises, d'institutions et d'associations. Ce qui revient à dire que les équipes rédactionnelles ont peu à peu perdu une substantielle marge d'initiative et de latitude dans la collecte des faits et des opinions d'actualité. Dès lors, comment s'étonner de tous les scandales financiers récents (qu'ils aient eu pour nom Enron, l'états-unien, Lernout & Hauspie, le belge, ou Parmalat, l'italien [13]), les journalistes ayant pris pour de l'argent comptant (c'est bien le cas de le dire) des résultats comptables truqués et des commentaires fallacieux issus en droite ligne des responsables des groupes en question ?…

Par ailleurs, du fait de la gigantesque prolifération de la presse périodique (surtout magazine) et de la démonopolisation du secteur audiovisuel, les médias ont été entraînés dans une féroce logique de concurrence, sans commune mesure avec celle que l'on a connue depuis le XIXe siècle. Alors que les différents pays d'Europe disposaient généralement d'une station de radio et/ou de télévision, parfois deux, plus rarement trois (presque toujours de service public), à partir des années 1970-1980 tous ont graduellement connu une situation où plusieurs dizaines, voire centaines de stations ont provoqué une dérégulation totale des principes les plus élémentaires de la pratique de l'information.

Petit à petit, le récit plus ou moins froid des faits d'actualité a cédé le pas à l'émotion. Le fait-divers, le sport et le monde du « show business » ont pris le pas sur l'actualité politique, économique, sociale et culturelle. L'info « de proximité » a gagné du terrain au détriment de l'information internationale. L'« intérêt humain » a lentement détrôné la raison et donné aux journaux une dimension de divertissement où l'information elle-même prend des allures d'un spectacle qui cherche à provoquer le rire, des larmes ou, en tout cas, des battements de cœur.

Le but est désormais de raconter des histoires et d'attirer ainsi le plus vaste public possible, et non pas de chercher à informer les individus pour qu'ils puissent assumer consciemment leur rôle de citoyens ou gérer au mieux leur vie quotidienne. Le journalisme prendra ainsi des allures chaque jour plus évidentes

12. Christian Delporte, *Histoire du journalisme et des journalistes en France*, p. 116-117.

13. Voir à propos de ce dernier Enrico Morresi, « Etica del giornalismo economico », in *Problemi dell'informazione*, Bologne, vol. XXIX, n° 3, septembre 2004, p. 301-320.

de mise en scène (même si la mise en page ou la mise en onde ont toujours relevé quelque peu de ce type de démarche), de manière à rendre l'info « plus sexy », comme on dit parmi les professionnels. Et le journaliste se confondra bien souvent avec l'animateur d'une émission à mi-chemin entre le magazine d'info et l'émission de divertissement, voire d'une émission de divertissement pur [14]. Quand ce n'est pas l'animateur d'émissions de pur divertissement qui endosse les habits du journaliste pour s'entretenir avec des hommes politiques et permettre à ceux-ci de toucher un public plus vaste et moins sensible aux avatars du monde politique [15].

LES NOUVELLES FONCTIONS

Dans ce contexte déjà pas très favorable à l'épanouissement d'une information exigeante, qui donne du sens à l'actualité, le développement extraordinaire des technologies des télécommunications a provoqué une véritable révolution copernicienne dans le système de l'information. Toute l'actualité va désormais pouvoir être traitée en temps réel, en liaison directe avec les endroits où se déroulent les événements et où les médias ont eu le souci de dépêcher un envoyé spécial. Auditeurs et téléspectateurs auront ainsi l'illusion de vivre les événements comme s'ils étaient « in loco », alors même que les journalistes envoyés sur le terrain n'auront plus de recul par rapport aux faits et aux propos tenus par les différents acteurs ou témoins de ces faits.

Plus de recoupement, plus de vérification des faits, plus de mise en perspective : de telles démarches deviennent tout simplement impossibles, faute de temps et de distance par rapport à l'événement. Le journaliste devient une sorte de manutentionnaire d'un attirail technique de plus en plus sophistiqué et, corollairement, une espèce d'hôtesse d'accueil qui reçoit le plus souvent des « témoins » dont la seule « compétence » est généralement celle de résider dans les environs de l'endroit où s'est déroulé le fait qui mérite le direct, voire un maître de cérémonies qui organise plus ou moins soigneusement le déroulement du direct sur le plan scénographique.

Les « grands reporters » de la « vieille école », eux-mêmes, ceux qui autrefois avaient le temps de prendre leur temps pour « sentir » le terrain, pour entrer en contact avec les gens, pour percevoir les enjeux, sont de moins en moins en mesure de faire face à l'esprit du temps qui règne au sein des rédactions. Pour des raisons de coûts, il faut désormais faire vite, débarquer sur le lieu du reportage et, en quelques jours à peine, quand ce n'est pas en quelques heures, « pisser sa copie » ou « mettre en boîte » les sons ou les images que l'on expédie vite fait à la

14. C'est le cas d'émissions à caractère humoristique comme « Le jeu des dictionnaires » et « La semaine infernale » de radio publique belge francophone (RTBF), auxquelles participent bien souvent des journalistes en vue de l'organisme public de l'audiovisuel.

15. Depuis quelques années déjà, « Vivement dimanche », émission de divertissement musicale de la télévision publique *France 2*, est devenue un lieu de choix pour des hommes politiques en vue, qui cherchent à donner une image plus « humaine » d'eux-mêmes à un public plus large que celui des émissions d'information. Le 14 avril 2005, ce mélange des genres a atteint un sommet sur *TF1*, lors d'une émission spéciale sur le projet de Constitution pour l'Union européenne, le président Jacques Chirac s'y faisant interviewer par des animateurs venus de télévisions concurrentes…

rédaction centrale, le tout proposant de la « couleur locale » et confirmant ce que l'on savait déjà [16].

Par ailleurs, la généralisation des procédés informatiques de production et de transmission de l'information a eu, entre autres, une conséquence importante : de nombreuses étapes assurées autrefois par des techniciens spécialisés (composition, mise en page, prise de vues, montage...) sont aujourd'hui assurées par les journalistes eux-mêmes [17]. Ce qui leur laisse, encore une fois, moins de temps pour le travail de collecte, de vérification et d'interprétation de l'information.

Un flot continu de dépêches et communiqués divers entre dans l'ordinateur central du média et aboutit sur les écrans des journalistes qui sont difficilement en mesure de procéder à un tri et à une hiérarchisation consciencieuse des différents « items ». Aussi, ce sont désormais de plus en plus les communicateurs extérieurs aux rédactions qui dicteront l'« agenda » des médias, les journalistes étant bien souvent contraints d'assumer le rôle de simples sténographes des chargés de communication des divers pouvoirs.

Les retombées d'Internet

Dernière étape de l'évolution technologique : la naissance et l'extraordinaire expansion d'Internet. Après la presse périodique, la presse quotidienne, les actualités cinématographiques [18], la radio et la télévision, un nouveau média fait son apparition dans le système de l'information. Certes, neuf ans après la mise en usage à grande échelle du World Wide Web en 1995 [19], Internet reste un média aux contours incertains. Mais son expansion a pris des allures vertigineuses [20]. Il permet d'atteindre une énorme variété de sources sans commune mesure avec celle proposée par ses prédécesseurs, en même temps qu'elle autorise l'internaute à établir son propre parcours de lecture. Tout en soulevant une difficulté majeure : la masse de données d'actualité que l'on trouve sur Internet est très largement issue de milieux dont le souci premier n'est pas de produire des contenus répondant aux critères du journalisme [21], mais plutôt de milieux soucieux de communication promotionnelle, voire de propagande.

Outre une abondance et une variété sans égales, Internet offre aussi une possibilité pratiquement unique : tout individu dûment équipé peut être à la fois récepteur et émetteur d'informations, d'opinions, d'analyses. On sait, bien évidemment, que les « courriers des lecteurs » existent depuis très longtemps dans la presse et que les « émissions interactives » deviennent de plus en plus courantes en radio et à la télévision, mais les éditeurs restent maîtres de l'accès

16. Florence Aubenas et Miguel Benasayag, *La Fabrication de l'information*, Paris, La Découverte, 1999, p. 11-33.

17. Vittorio Roidi, *La Fabbrica delle notizie*, Rome et Bari, Laterza, 2001, p. 206.

18. Les actualités cinématographiques ont été lancées en France par Charles Pathé en 1908. Hebdomadaires d'abord, bihebdomadaires ensuite, elles sont disparues en 1980.

19. Manuel Castells, *La Galaxia Internet*, Barcelone, Areté, 2001, p. 16.

20. Il y avait 26 millions d'utilisateurs d'Internet dans le monde en décembre 1995 et 759 millions en février 2004 (*El País*, Madrid, 2 janvier 2005, p. 14 et 16 (Negocios).

21. Vittorio Roidi, *La Fabbrica delle notizie*, p. 201.

de ces contributions aux médias. Comme on sait que de nombreuses publications, radios et télévisions existent dans nos sociétés, à l'initiative de petits groupes ou de simples individualités. Mais, jamais comme aujourd'hui tout un chacun a eu la possibilité d'émettre des messages à des coûts si bas, tout en parvenant à toucher une audience potentielle si vaste.

Les médias et les éditeurs « traditionnels », tout comme les journalistes « classiques », ont ainsi perdu leur « monopole » séculaire de la fonction d'informer. La récente vague des « weblogs » est à cet égard significative[22]. Tandis que les images du tsunami qui a rasé une partie de l'Asie du Sud-est le 26 décembre 2004, tournées par les caméscopes numériques de touristes se trouvant dans la région, ont mis spectaculairement en évidence cette évolution du pouvoir d'émettre. Une évolution dont on a eu une autre démonstration forte à l'occasion des attentats du 7 juillet 2005 à Londres, des sites Internet, des télévisions, des quotidiens et des périodiques ont diffusé des images qui avaient pour origine des passants, voire des témoins directs des explosions, équipés de téléphones portables dotés d'un appareil photo et d'une fonction vidéo...

L'INSOUTENABLE CONTRADICTION

Ce passage en revue de l'évolution des médias et du métier d'informer depuis grosso modo un demi-siècle met en évidence la crise du journalisme ou tout au moins celle du journalisme né dans le courant du XIXe siècle et consolidé durant la première moitié du XXe, voire, par bien des côtés, durant les trois premiers quarts du XXe siècle. Car tout porte à croire que la pratique de ce métier, tel qu'il était institué, tel qu'il était enseigné dans les écoles spécialisées, devient très problématique, voire largement impossible[23].

La contribution des annonceurs (sous les modalités les plus diverses : publicité, parrainage, troc, placement de produits...) sera de plus en plus importante dans l'économie globale des médias, quitte à ce qu'une frange de ces médias échappe dans une plus grande ou moindre mesure à ce type de ressources. Leur emprise sur la conception et le traitement de l'information par les médias sera donc de plus en plus accentuée. Et les médias pourront difficilement y faire face, les résultats de leur gestion en dépendant largement.

L'évolution des vies politique, économique, sociale, culturelle et sportive fait que l'issue des enjeux auxquels elles font face est étroitement liée à la stratégie de communication de leurs acteurs, entreprises et institutions. Aussi leur emprise sur les journalistes ne peut qu'aller croissant. Et les journalistes se trouveront face à une insoutenable contradiction : pour obtenir des informations originales, « exclusives », ils devront côtoyer ces milieux, en donnant de ce fait même prise à toutes sortes d'instrumentalisations, de connivences, de compromissions.

Enfin, le nouvel environnement économique des médias les amène de plus en plus à créer des groupes d'une certaine taille (cas d'*El País* et de *Le Monde*, mais

22. Selon Corine Lesnes, début 2005 il y aurait « quelque 5 millions » de blogs dans le monde (in *Le Monde*, Paris, 5 janvier 2005, p. IV du supplément « 2005 Les ondes de choc »).

23. Voir sur cette même thématique J.-M. Nobre-Correia, « Les incertitudes de demain », in *Espace de Libertés*, Bruxelles, n° 239, mars 1996, p. 14.

aussi de *L'Espresso* et *La Repubblica*) ou à s'intégrer dans des groupes déjà existants (cas d'*El Mundo*), de manière à tirer profit d'économies d'échelle et de synergies diverses, ainsi qu'à amoindrir l'impact des changements de conjoncture économique ou publicitaire. Quand ils n'entrent pas tout bonnement dans le giron d'un groupe industriel ou financier (cas du *Figaro* et de *L'Express*, d'*Europe 1* ou de *TF1*, en France, d'*Il Messaggero* et d'*Il Mattino*, en Italie) qui leur permet d'échapper à une situation souvent caractérisée par la sous-capitalisation. Comment s'étonner alors que ce ne soit pas dans leurs pages ou émissions que l'on trouve la nouvelle « exclusive », l'information rigoureuse ou l'analyse pertinente sur les aléas de la vie du média ou du groupe dont il fait partie ? Les intérêts de groupe les amèneront de plus en plus souvent à passer sous silence ou à édulcorer des faits dérangeants sur le monde des médias et sur ceux avec qui ils sont en rapport d'affaires...

L'IMPARABLE ÉVIDENCE

La logique de la concurrence effrénée fait qu'il est très difficile pour un média de lui échapper et de faire délibérément un choix différent. Comment refuser cette logique, avec sa cohorte de faits-divers, de cris, de larmes, de déclarations à l'emporte-pièce ou bien de sujets gags, plus ou moins désopilants et « fun »[24], quand ceux qui jouent à fond cette carte parviennent généralement à atteindre les meilleurs résultats d'audience[25] ? Comment refuser de mettre en avant un sujet « exclusif » plus ou moins fracassant, mais qu'on n'a pas eu le temps de vérifier, au risque de voir « ceux d'en face » l'annoncer en primeur, « démontrant » ainsi le plus grand dynamisme et la plus grande compétence de leur rédaction ? N'a-t-on pas vu *El País* (un des meilleurs quotidiens européens) annoncer à la une, en édition spéciale, la responsabilité de l'ETA dans l'attentat du 11 mars madrilène, sur foi d'un appel téléphonique de dernière minute du Premier ministre espagnol[26] ?

L'évidence du direct, de la transmission en temps réel, est pratiquement imparable. Comment expliquer aux auditeurs et aux téléspectateurs qu'ils seront plus correctement servis en écoutant ou voyant les journaux d'une station qui a pris son temps pour vérifier, mettre en perspective et analyser les faits d'actualité, alors même que les gens se précipitent sur celles qui privilégient les directs, en donnant l'illusion d'être dans le feu de l'action et, dès lors, branchées sur « la vérité » de l'événement ? L'emballement des médias français (mais pas uniquement français) au sujet de « l'affaire Marie L. », en juillet 2004[27], et celui des

24. Furio Colombo, *Ultime notizie sul giornalismo*, Roma et Bari, Laterza, 1995, p. 12-16.

25. Cas notamment de *Radio Contact*, *Bel RTL* ou *RTL-TVI*, en Belgique, et de *RTL* ou *TF1*, en France.

26. Le jour même de l'attentat, *El País*, quotidien du matin, avait préparé une « édition spéciale de 13 heures » avec la manchette « Matanza terrorista en Madrid » (« Tuerie terroriste à Madrid »). Suite à un appel téléphonique du Premier ministre, José Maria Aznar, au directeur du journal, à 13 h 06, le titre prévu a été changé. *El País* annoncera ainsi, sur toute la largeur de la première page, « Matanza de ETA en Madrid » (« Tuerie de l'ETA à Madrid »), alors que, pour une fois, l'ETA n'y était pour rien...

27. L'« affaire Marie L. » a mis les plus hautes autorités françaises, les médias et l'opinion publique en émoi. Jeune mère française de 23 ans, « Marie L. » s'est adressée à la police pour porter plainte, affirmant avoir été agressée dans le RER parisien, six Maghrébins armés de couteaux lui avaient taillé les vêtements, griffé le visage, coupé des mèches de cheveux et inscrits des croix gammées sur son ventre, ➤

médias états-uniens (et dès lors, du reste du monde) à propos d'une vidéo montrant « un Américain décapité par des terroristes islamistes », en août 2004[28], ont constitué des parfaites illustrations de cette logique imparable.

Face aux données prolifiques et diversifiées puisées à des sources choisies par chacun, où l'on veut (domicile, lieu de travail ou ailleurs, n'importe où ailleurs), au moment où l'on veut, presque toujours gratuitement (ou du moins le croit-on, car, comme pour la radio ou la télévision, on oublie le coût des équipements de base, de consommations ou d'abonnements divers), comment convaincre les usagers que les sites d'Internet sont souvent – à l'heure actuelle, en tout cas – peu fiables et satisfaisants ? Comment les convaincre surtout de l'apport indispensable d'une équipe rédactionnelle qui, avec compétence et rigueur, trie, hiérarchise, met en perspective et analyse les événements ?

LA PERSPECTIVE DUALE

L'évolution globale du système médiatique porte à croire à une crise de plus en plus accentuée de la conception du journalisme née dans le courant du XIXe siècle, voire à l'entrée de celle-ci dans une sorte de coma irréversible. Car, désormais, la couverture de l'actualité par les médias est le plus souvent faite selon des critères qui ne sont plus ceux d'un service rendu aux citoyens pour leur permettre plus aisément l'insertion dans la société, l'assomption du statut de citoyens dans la cité, dans le système démocratique. Il s'agit désormais de leur fournir une part de rêve et de jeu nécessaire pour leur permettre de surmonter les contraintes, les tensions, le stress, les angoisses de la vie quotidienne, professionnelle et familiale, mais aussi de les amener à assumer pleinement et joyeusement leur statut de consommateurs.

La conception du journalisme des XIX-XXe siècles disparaîtra-t-elle pour autant, anéantie par une sorte de destinée tragique de l'histoire (des médias) ? On serait quand même tenté de répondre par la négative. De la même façon que différents groupes sociaux sont prêts à payer des abonnements pour pouvoir voir des télévisions qui leur proposent des programmes exclusifs, écouter des radios à la programmation musicale spécialisée ou lire des publications au contenu pointu, tout porte à croire qu'il y aura toujours des publics disposés à payer pour une information de qualité, conçue selon des critères classiques, dûment mis à jour, adaptés aux besoins actuels des citoyens et de la société contemporaine. C'est-à-dire : pour une information qui leur permettra d'être au courant de la vie dans le monde et des enjeux en question, de manière à mieux pouvoir s'insérer dans la société et à assumer leur statut de citoyens, mais aussi, et plus simplement, à mieux gérer la vie quotidienne et celle de ceux dont ils ont

➤ alors que son bébé avait été bousculé et roulé sur le quai, sans qu'aucun passager n'intervienne. Interrogée par la police, elle avouera sa supercherie trois jours plus tôt, en affirmant qu'elle voulait qu'on lui accorde de l'attention ! V. à ce propos *Le Monde* des 13, 14 et 15 juillet 2004, notamment.

28. Des journaux télévisés du monde entier montrent des images en vidéo, saisies sur Internet, mettant en scène une nouvelle exécution d'un otage états-unien en Irak. Quelques heures plus tard, les mêmes journaux télévisés sont obligés de révéler qu'il s'agissait d'un canular mis en scène par le jeune qui apparaissait sur les images. Ce qui lui donne d'ailleurs droit à une interview où il explique sa démarche qui l'a sorti de l'anonymat...

la responsabilité. Même si l'on peut s'interroger sur le fait de savoir si ceux qui sont disposés à payer s'intéresseront à une couverture de tous les aspects de l'actualité : auront-ils le souci de se tenir au courant de l'actualité sociale, notamment celle des conflits sociaux et celle qui concerne des groupes marginaux ?...

Nous vivrons ainsi chaque jour davantage dans une société duale : à l'avenir, une grande majorité de la population consommera des médias plutôt gratuits, soucieux avant tout de communication, d'émotion et de divertissement. En revanche, une minorité cherchera à avoir accès à une information de qualité, qu'elle devra payer et qui lui coûtera plutôt cher, mais qui lui permettra une plus grande opérationnalité face aux contraintes de la vie et l'autorisera aussi à maintenir son statut privilégié au sein de la société...

Le grand retour en arrière

Autrement dit : tout porte à croire que le journalisme comme métier d'information de masse est en voie de disparition. Restera toutefois le journalisme comme métier spécialisé d'information des élites, voire de groupes sociaux restreints. D'autres techniques, immémoriales, reprendront du service, telle la rumeur ; d'autres, aussi très anciennes, retrouveront le terrain perdu, telle la propagande ; d'autres enfin, plus récentes sous les formes que nous leur connaissons aujourd'hui, gagneront encore de l'importance, telle la publicité. Des techniques qui ne relèvent pas du métier d'information, mais qui ont toujours prétendu et prétendront encore informer.

À dire vrai, nous assisterions ainsi à une sorte de retour en arrière, de quelque deux à cinq siècles : à l'origine, le pouvoir contrôlait étroitement les journaux par des mécanismes divers (privilège, organisation corporative...). Puis le pouvoir ecclésiastique, dès le XVe siècle, et le pouvoir civil, dès le XVIe, ont mis en place la censure. Aussi, du XVe aux XVIIIe-XIXe siècles, malgré l'imprimerie, malgré les diverses publications, les milieux dirigeants (économiques et politiques) disposaient de circuits d'information privés, grâce notamment aux nouvellistes et aux célèbres « nouvelles à la main » qui proposaient des « informations exclusives » et échappaient plus aisément aux diverses censures. Pendant ces quelques siècles, le « grand public » (qui était d'ailleurs très restreint) pouvait avoir accès à une information étroitement contrôlée par l'État et l'Église, alors qu'une toute petite élite pouvait disposer d'une information plus pointue et diversifiée, pour laquelle elle payait très cher.

L'histoire a en effet mis clairement en évidence la parfaite interdépendance entre les avancées du système démocratique et le degré d'autonomie de l'information. Et il est pour le moins douteux que l'avenir de nos sociétés puisse échapper à un tel principe...

JOSÉ-MANUEL NOBRE-CORREIA

DOSSIER

Internet, optique du monde

SOPHIE PÈNE

Présentation

L'optique est la science de la lumière et de ses relations avec la vision. Le même terme désigne aussi le matériel nécessaire pour éclairer des objets : lentille, loupe, lunette, microscope, miroir, objectif, périscope, prisme, spectroscope, télescope... Ces machines qui servent le faire voir recourent à la médiation du verre : il donne la vision des objets petits, éloignés, polyédriques, brouillés par leur proximité avec d'autres objets, ou imperceptibles en raison de l'opacité de leur milieu. L'optique est aussi la perspective donnée par un point de vue. En ce sens l'optique d'autrui est un objet de discussion. Le mot alerte sur les égarements de la subjectivité. On conseillera de « changer d'optique ». Dire « c'est ton optique » ou « c'est une optique défendable, mais... » n'est pas de bon augure. Évoquer une « optique » renvoie à la partialité des perceptions, à l'altérité des arguments et à la relativité des cultures. La visibilité d'un objet est, on le sait, dépendante d'un point de vue. Celui-ci est déterminé par la place occupée par un sujet, cette place étant elle-même soumise à des agencements concrets qui décident des possibilités de percevoir.

La régie du visible

Ces rappels ont une visée, marquer la primauté de la perception sur l'interprétation, et s'appuyer sur cette évidence pour proposer une approche élémentaire et radicale : Internet apporte une « optique du monde », dans les trois acceptions du terme : l'écran met en perspective – et en discours – des objets visibles ; il constitue un outil améliorant ou autorisant la perception relative ; il administre les visibilités en déterminant leur sémiotique et en préconstruisant les interprétations.

Nous voici revenus au dispositif : une organisation matérielle régissant les visibilités et les savoirs. L'analyse, par Michel Foucault, du *Panopticon* reste l'archétype du dispositif liant visibilité et discipline : donner au sujet le sentiment qu'il est potentiellement visible de tout point de la prison est la marque du pouvoir et impose la discipline, c'est-à-dire une intériorisation du pouvoir.

Si notre époque est associée aux régimes du visible, elle a trouvé ses propres agencements, qui l'écartent des sociétés de discipline. En nous arrimant à l'optique comme à une notion brute – sans en délaisser les illusions qui sont des utopies, les ombres, les anamorphoses, les trompe-l'œil, les caches, les miroirs, les abymes – nous choisissons de nous placer en amont du dispositif ; nous nous contentons de son premier niveau, le visible. C'est un renoncement au concept prêt-à-l'emploi de Michel Foucault, qui pourtant persiste à faire ses preuves pour l'analyse des savoirs et des pouvoirs distribués par les énoncés. Les quatre auteurs de ce dossier, Olivier Aïm, Gloria Awad, Samira Ouardi et Michael Rinn, travaillent une question qui leur impose de préserver le socle sensible de la chose vue. Chacun cherche dans un champ le plus matériel possible la façon dont le Web détermine un diagramme des savoirs, par une propagation des discours et par une régulation des énonciations.

En s'intéressant à la rhétorique relativement unifiée de l'écran, ils cherchent à saisir la médiation qui fait passer d'un état d'image-texte à un sens, et plus exactement à un sens du politique, à une relation entre discours, persuasion et politique. Politique s'entend ici à la façon de Jacques Rancière, une manière de décrire ce qui est visible, pensable et possible. La « médiagénie » des sites (Olivier Aïm) serait la qualité sémiotique, issue des cadres plus que des contenus, qui fait circuler les textes et les fragments de textes en ordonnant le « faire voir ».

LA TRANSPARENCE DES DONNÉES

La manière de décrire le visible est en effet centrée sur le texte, comme témoin, *testis*, et tissu, *textum*[1] : le discours, sa mise en image, l'intertextualité indécidable de la page saturée d'hyperliens, les combinatoires rhétoriques, les mises en perspective sémantiques induites par les pages enclavées offrent à l'analyste une matière polysémiotique. Sa description

1. Le *testis*, inscription d'une mémoire sociale, et le *textum*, actualisation d'une forme, selon Fausto Colombo, commenté par Yves Jeanneret, Séminaire du GRIPIC, avril 2004.

concerne le matériel optique par lequel Internet rend l'information visible, lisible, objective. Ces thématiques de la visibilité sont diverses : la transparence et le développement durable (Olivier Aïm), la liberté d'expression au nom de laquelle tout énoncé circulant serait un savoir (Michael Rinn), l'accessibilité mondiale d'informations régionales et l'objectivité assurée par la publicité des témoignages (Gloria Awad), la commodité de libre publication offerte au contributeur (Samira Ouardi).

Rendre visible la transparence se révèle l'enjeu paradoxal de la communication par Internet : elle est au fondement des idéaux de la cybernétique, avec une valeur conjuratoire de la Shoah, comme le rappelle Michael Rinn ; elle traduit « les espoirs en une "re-vivification" ou une "intensification" des pratiques démocratiques régulièrement réputées en faillite » (Samira Ouardi).

Ceci explique que les thématiques de la visibilité, à la fois synonyme et antonyme de la transparence, tournent autour d'une unique question : comment se construisent les accords et les convictions quand la mécanique Internet prétend à la mise à disposition égale de toutes les informations ? Le visible, contenu ou format, est utilisé, naïvement ou lucidement, comme un équivalent du vrai. Olivier Aïm parle d'une maxime de transparence, d'une ostension du neutre. Samira Ouardi montre que la pureté procédurale de la mécanique d'édition vaudrait soustraction de l'*open-publishing* à la mécanique des pouvoirs. Car le point de vue éditorial se limiterait au libre accès au droit de publier. L'optique d'Internet, ce seraient ces loupes qui mettent sous le nez du lecteur d'écran les *data*, ou données, telles quelles, téléchargeables, interopérables.

L'AGENCEMENT DU PENSABLE

Mais bien entendu l'aménagement de l'information ordonne le pensable. Cette neutralité affichée n'est qu'une pièce de l'échiquier des significations. Le visible conduit vers le crédible ; le journalisme se veut un agent de l'histoire. Il construit les réalités et configure les publics. La convergence quant à l'apparence des pages et la communauté des règles journalistiques n'effacent pas les écarts culturels entre la presse des régions arabes et la presse mondialisée (Gloria Awad). Se pose également la question de la cohérence de la maxime de transparence avec la réalité : Michael Rinn observe que la diffusion d'informations sur le Rwanda en avril 1994 ou sur les massacres de Srebrenica en juillet 1995 n'a pas évité le pire. Les sites négationnistes deviennent pour lui le signe du paradoxe de la cybernétique : « ce qui a été conçu pour empêcher la politique de déshumanisation s'est transformé en un puissant support de l'idéologie de l'anéantissement ».

Comment rendre acceptable l'inacceptable ? La démonstration extrême de Michael Rinn qui dissèque les rhétoriques négationnistes montre le brouillage référentiel des données historiques, de sorte que la faiblesse des arguments peut augmenter leur force de persuasion. La mobilisation de figures telles que le sarcasme, le pathique, et des formes discursives de la conviction ne suffisent pas à expliquer une dynamique propre à la sémiologie de l'Internet : la circulation au sein des sites permet une interpolation entre le réseau des perceptions et le réseau des conceptualisations. La séduction exercée par l'univers iconique et plastique vient, par exemple, appuyer l'enseignement de la non-existence de la Shoah.

SÉMIOTIQUE ET POLITIQUE

L'information « pacifiée », « conciliée », selon Olivier Aïm, n'aboutirait-elle qu'à la « mémoire courte » (Michael Rinn), qui tire bénéfice de la fragmentation et de la polyphonie d'Internet ? Les contenus accumulés, supposés équivalents les uns aux autres, simulacre de savoir historique, réunis en classeur indexé (Samira Ouardi), menacent aussi une mémoire longue : la rentabilité de *data* à télécharger pourrait bien l'emporter sur la discussion critique si les « nouveaux usages d'enregistrement, de diffusion et d'interprétation de la mémoire politique ne sont pas conceptualisés » (Michael Rinn).

La diversité des cultures, paysages fluides des *médiascapes* d'Appadurai évoqués par Gloria Awad, prend alors toute son importance. Médiations équilibrant sans cesse les lignes de résistance et de domination, les formats subtilement différents des pages web rappellent que la transparence des données ne dit rien des cultures politiques qu'Internet traduit ou configure. Pour Samira Ouardi, la conscience des médiations et la compréhension méta-énonciative des dispositifs peut se trouver à la source d'une nouvelle théorie informationnelle des pouvoirs. Pour l'aborder, Olivier Aïm propose à la suite d'Yves Jeanneret de fonder l'étude de l'écheveau du texte, du texte de réseau, du réseau, sur les médiations techniques, scripturales et sociales qui filtrent leur circulation. L'analyse de la polysémiotique des textes de réseau n'est plus simplement orientée vers la découverte de formes discursives inattendues. Cette rhétorique des médiations s'attelle à deux objets complémentaires : une épistémologie des sciences du discours, qui, confrontées à la « sémiotisation du monde » (Gloria Awad), prennent une pertinence forte pour décrire la gestion du document comme élément de la confiance, de la conviction et des accords ; une contribution à la refondation du politique, compris comme l'élucidation des formes de la communication, soumettant le pensable au visible et désignant des possibles.

C'est sans doute une voie pour alimenter ce que Jacques Rancière nomme « chronique des temps consensuels » :

> « Nouveau racisme et épuration ethnique, guerres humanitaires et guerre à la terreur sont au cœur des temps consensuels (...). Le consensus n'est pas la paix. Il est une carte des opérations de guerre, une topographie du visible, du pensable et du possible où loger guerre et paix. Ce que consensus veut dire en effet, ce n'est pas l'accord des gens entre eux mais l'accord du sens avec le sens : l'accord entre un régime sensible de présentation des choses et un mode d'interprétation de leur sens. Le consensus qui nous gouverne est une machine de pouvoir pour autant qu'il est une machine de vision. Il prétend constater seul ce que tous peuvent voir en ajustant deux propositions sur l'état du monde : l'une dit que nous sommes enfin en paix. L'autre énonce la condition de cette paix : la reconnaissance qu'il n'y a que ce qu'il y a[2]. »

Une transparence. Le neutre. Cela semble à l'opposé de la capacité de mobilisation d'Internet. Il est courant d'évoquer les succès d'Internet pour provoquer des rassemblements, tels que celui de Seattle. Limiter l'efficience politique d'Internet à la boîte à outils militante de l'information, de la mobilisation et de la subversion est une sous-évaluation. De discrets combats se déroulent, réglés par la maxime de transparence. L'analyse de « l'optique d'internet », régie des visibles et organisation des pensables, s'appuie sur l'étude des médiations (lignes de codes, procédures d'édition, stratégies rhétoriques, formats de publication) plus que sur l'étude des contenus ou des discours à proprement parler : les quatre articles d'Olivier Aïm, Gloria Awad, Samira Ouardi et Michael Rinn montrent que la transparence, l'objectivité de l'information, la libre publication ou la mise en équivalence des discours sont des « objets neutres », quasi neutres ou apparemment neutres, qui conduisent cependant vers des possibles imminents, la confirmation de l'énonciation critique ou l'étouffement du sens par les *data* mises à plat. Car les agencements informationnels construisent les optiques sur le monde, une *Weltbild* qui prépare la *Weltanschauung* des sujets du monde « glocalisé ».

SOPHIE PÈNE

2. Jacques Rancière, 2005, *Chronique des temps consensuels*, Seuil, p. 8.

La transparence rendue visible

Médiations informatiques de l'écriture

OLIVIER AÏM

La thématique omniprésente de la « transparence », cette optique de la pureté, apparaît bien en politique comme une manière d'« innocenter » les discours, à la manière d'un « message sans code », selon la formule que Barthes appliquait à la photographie en publicité. Olivier Aïm prend en compte cette teneur utopique et idéologique de la valeur transparence, mais il montre que celle-ci repose bel et bien sur un ensemble de procédés d'écriture, de médiation et d'édition, qu'il s'emploie à détailler dans la rencontre entre un média et une thématique particulièrement en résonance avec cet idéal politique et communicationnel, l'environnement et le développement durable sur Internet. Il résulte de cette analyse, étayée sur une recherche collective et informée par une théorie du dispositif, que ce qu'on nomme la transparence repose sur un ensemble très complexe et très hétérogène de processus rhétoriques, médiatiques et documentaires.

Les notions de « dispositif » et de « médiation » dominent tellement le classement des notions les plus convoquées dès lors qu'il s'agit de désigner les dimensions respectivement technique et sociale de la communication qu'il y a une sorte de provocation à les revendiquer dans cet article. Pourtant cette prégnance dessine un horizon doublement heuristique, dans la mesure où ces notions procèdent d'une tradition de recherche, pour récente qu'elle soit, et bénéficient, avec l'étude des médias informatisés, d'un renouvellement et d'un réinvestissement notables de leurs attendus. Ainsi, la « médiation » correspond autant à un concept pour les chercheurs qu'à une posture pour les acteurs, dans le temps même où le « dispositif » ne cesse de remotiver son acception spatio-rhétorique première à la faveur d'une prise en compte toujours plus précise de sa charge éditoriale, et non plus seulement technique (sinon pour mettre celle-ci en perspective avec celle-là). Cet article cherchera à mieux appréhender les rapports entre l'écriture et la « récriture » des médiations et la manière dont le support numérique et les réseaux interviennent sur elles. Autrement dit, c'est au régime politique de la visibilité que je voudrais relier ici la question de la médiation. Je m'appuierai, pour ce faire, sur une recherche collective menée dans le cadre plus vaste du programme de recherche « Concertation, Décision, Environnement » [1].

1. Notre équipe (CNRS, GRIPIC) était coordonnée par Nicole d'Almeida, Suzanne de Cheveigné et Yves Jeanneret, et composée des chercheurs suivants : Jacqueline Chervin, Béatrice Jalenques, Mathieu Jahnich, Akila Nedjar et Samira Ouardi. Notre recherche cherchait plus précisément à observer comment un débat d'enjeu environnemental (en l'occurrence, la pollution) était pris en charge sur les médias informatisés, à commencer ➤

Les questions environnementales sont, en effet, au cœur d'une conception utopique de la transparence[2], comme modalité de visibilité du politique au sens large, c'est-à-dire de l'action, de la décision, du débat et, plus abstraitement encore, de la prise en compte de l'autre. Sans doute parce que le secret y a longtemps été perçu comme une pratique traditionnelle des Institutions (on pense à Tchernobyl qui vaut pour paradigme de l'opacité), la transparence s'y présente, davantage qu'ailleurs, comme l'idéal d'une communication performante, efficace et pleinement démocratique.

Or, pour que cette utopie se réalise en « hétérotopie » (au sens que Michel Foucault donne à ce terme[3]), il ne lui manquait qu'un espace médiatique approprié. Internet représente tout naturellement cet espace idéal, du fait qu'il lui met à disposition sa propre utopie. Internet développe, en effet, un idéal particulier qui s'incarne dans ce que l'on peut appeler une « pensée du média », marquée par des notions accompagnatrices (« convivialité », « interactivité », « accessibilité », « indépendance », etc.) au premier rang desquelles figure la « transparence » : transparence de l'outil et donc des pratiques de communication qu'il abrite. De sorte qu'à travers cette pensée du média, Internet se présente comme l'espace congruent d'un idéal politique rendu « plausible ». C'est cette plausibilité de la transparence environnementale que cet article a pour visée principale de regarder au plus près, moins pour la vérifier, que pour en décrire les diverses manifestations, au sens premier du terme.

UNE « MAXIME DE TRANSPARENCE »...

Pour comprendre la manière dont le motif de la transparence s'installe au cœur des problématiques environnementales, il est nécessaire de partir du contexte qui prévaut actuellement : le développement durable. Le développement durable est un concept politique et rhétorique reposant sur la conciliation des idées et la réconciliation des acteurs. En ce sens, il débouche sur une théorie du débat et partant de la communication. Pour qu'un débat policé et « concerté » puisse avoir lieu, la bonne conduite des actions politiques doit passer par une entreprise, « volontariste », de transparence. C'est à ce prix que la concertation devient possible, attendu que, chacun étant informé, le travail de « coconstruction[4] » peut opérer.

➤ par le web. De sorte que le travail s'est structuré en deux phases principales : il s'agissait, dans un premier temps, de produire une cartographie du web environnemental (relativement à une thématique précise : « les rejets polluants »), puis de constituer, dans un second temps, un corpus de sites représentatifs, afin d'en faire une analyse détaillée, de type sémio-pragmatique.

2. Comme le signale Thierry Libaert dans un livre particulièrement vif, la transparence est une valeur transversale et transitive qui investit tout le champ social, rendant par là même politiques toutes les activités qu'elle touche (jusqu'aux émissions de télévision qui en font leur promesse et leur argument principaux). *Cf.* Thierry Libaert, *La transparence en trompe-l'œil*, Descartes, 2003.

3. Michel Foucault, « Des espaces autres », *Dits et écrits II*, Gallimard, « Quarto », 2001.

4. De plus en plus d'acteurs parlent de coconstruction en lieu et place de « concertation » pour traduire ce fait que, localement tout du moins, le débat se mue en un travail et une bonne volonté participatifs ; notons que le choix de ce terme renverrait aux théories pragmatiques et interactionnistes, ceci apportant une nouvelle preuve de la dimension communicationnelle constitutive du concept de développement durable, y compris dans ses actualisations les plus concrètes.

Aussi la transparence et l'accès à l'information constituent-ils deux des principes constitutifs du Sommet de Rio (1992), soit le moment de la consécration – mondiale – du « développement durable »[5]. La conséquence principale de cette prise en compte du communicationnel par le politique tient dans le fait qu'entre les médias informatisés et le développement durable se noue une interrelation subtile de légitimation réciproque. En parlant de transparence, les acteurs évoquent soit leur vision du média, soit leur présence sur le média et donc leur propre logique communicationnelle ; les deux discours deviennent équivalents : le développement durable devient même, pour certains, un mode vicariant de justification des sites et de leur présence ; d'où le fait qu'une multitude d'acteurs se revendiquent du développement durable : les institutions publiques, les entreprises, mais aussi des acteurs moins attendus, comme les associations, parfois militantes.

Tout ceci fait que l'on a bien affaire alors à l'émergence d'une pensée du média informatisé comme pure transparence (à la croisée de la technique et du politique), d'une transparence enfin possible, enfin réalisable. On pourrait même dire avec Patrice Flichy[6] que la transparence dessine un « imaginaire » constitutif d'Internet. En prenant le recul historique nécessaire, Patrice Flichy montre, en effet, qu'Internet s'est bâti sur une série d'imaginaires politiques : l'« espace public », la « démocratie participative », la « contre-culture », etc. Bref, autant d'idéaux que subsume la notion de transparence, à un degré ou un autre.

En cela, il serait même possible d'aller plus loin et d'envisager, pour reprendre les termes que Patrice Flichy[7] emprunte lui-même à Paul Ricoeur[8], que l'« utopie » d'origine du net peut être remotivée à la faveur d'autres « idéologies » homologues, à condition qu'y domine ce même idéal de transparence. Or, il semble bien que ce soit le cas avec le développement durable, dont les différents principes constitutifs sont coextensifs aux médias informatisés : le « droit à l'information », la « participation », la dialectique « local/global » sont des principes qui co-définissent le développement durable et Internet à travers la notion de « démocratie directe »[9].

Pour résumer ce processus, on pourrait dire que, dans le domaine environnemental, les médias informatisés trouvent un objet politique *ad hoc* – le développement durable –, qui trouve lui-même un outil providentiel, au point de lui faire retrouver ses imaginaires originaires.

Seulement, à parler de transparence en général, on risque de se laisser aller au flou de l'imaginaire qu'elle déploie, sans voir sur quoi elle repose et comment elle

5. Principes qui ont été précisés lors de la Convention d'Aarhus en 1998.

6. Patrice Flichy, *L'Imaginaire d'Internet*, La Découverte, 2001.

7. Patrice Flichy, « La place de l'imaginaire dans l'action technique. Le cas de l'Internet. », *Réseaux*, n° 109, 2001.

8. Paul Ricoeur, *L'Idéologie et l'utopie*, Seuil, Paris, 1997.

9. Cela rejoint ce que dit Thierry Libaert de la transparence de la décision : « Tout le débat actuel autour de la démocratie participative part de cette idée en rupture : la justesse d'une décision ne provient pas de sa légitimité intrinsèque mais du processus délibératif qui la fit émerger. C'est parce que le public aurait été associé à la décision que celle-ci serait juste et non seulement parce qu'elle aurait été promulguée par nos dirigeants. », in *La Transparence en trompe-l'œil, op. cit*, p. 50-51.

s'incarne précisément. Pour commencer, la transparence doit être soigneusement analysée comme étant double : il y a d'abord la transparence supposée de l'outil (dans le déjà là de la pensée du média) ; il y a ensuite une autre transparence, active, celle des acteurs qui s'inscrivent dans une volonté politique affichée, celle de l'engagement et de la « publicité » (au sens habermassien). À cet égard, on est en présence d'une communication totalement dépendante de l'action, à travers laquelle « dire, c'est faire », et *faire c'est dire ce que l'on fait* ; autrement dit, on a affaire à une parole paradoxale qui consiste à dire que l'on ne se contente pas de parler. C'est en cela qu'il est possible de parler d'une « maxime de transparence » comme renouvellement de la « maxime de sincérité » des pragmaticiens (et notamment des spécialistes de l'analyse conversationnelle).

Ce sont avant tout les acteurs institutionnels (les institutions, les entreprises, les organismes) qui décident de respecter cette maxime, en « jouant » la transparence. « Jouer » signifie alors s'exhiber, c'est-à-dire exhiber ce que l'on veut bien montrer bien sûr, en déployant une scénographie de l'engagement. D'un point de vue rhétorique, en effet, les acteurs du développement durable passent d'une logique qui appelle à la « prise de conscience » (l'argument écologiste pour aller vite) à des discours qui s'inscrivent désormais dans une logique de la *conscience prise* ; mais il s'agit aussi là d'une logique d'anticipation du débat et donc des critiques (en rhétorique, on parle de « prolepse »)[10]. Il reste que, à tous les points de vue, la logique de la conscience prise va s'incarner dans des « gestes », métonymiques de l'engagement. Fondamentalement, le geste se présente comme une praxis connectée à une éthique.

Or, ce qu'il devient alors intéressant d'observer, c'est que sur les médias informatisés comme le web, les gestes mis en avant sont autant politiques que communicationnels. Ils sont de deux ordres principaux, un ordre sémio-discursif et un ordre éditorial.

L'ordre sémio-discursif

En parlant de l'ordre « sémio-discursif » de la transparence, je fais référence à l'ensemble des prises de parole qui s'ordonnent comme autant de mouvements de repli et de reflux de l'énonciation (et de la subjectivité) dans des genres informationnels considérés comme purs : le rapport, le tableau, le registre, parmi beaucoup d'autres.

Les informations sont dès lors alignées comme de pures données, livrées de manière brute comme des *data.* L'écriture de la transparence est une écriture du « tel quel ». C'est pourquoi l'on rencontre ces formes, ces formats d'écritures, ces genres discursifs spécifiques : le « rapport d'activité » d'une entreprise bien sûr, mais aussi le « tableau » de chiffres, le « registre », l'« inventaire », la « liste » ou encore une forme relativement répandue, celle du « tableau de bord », qui allie plus ou moins métaphoriquement deux logiques de transparence, celle de la

10. Mais c'est aussi le propre du développement durable d'encourager l'anticipation en prenant soin des « générations futures ».

« mise au jour » (des données) et celle de la « mise à jour » (leur suivi et leur actualisation).

La transparence se met volontiers en scène dans des gestes réduits à une pure logistique (et, donc, à des logiciels : « Acrobat Reader » et son format PDF, par exemple) : l'information est à cliquer, les rapports d'entreprise sont à télécharger, les données sont exhibées dans une écriture de l'ostension, par exemple liée à l'économie du *pop-up* (soit la fenêtre qui s'ouvre en abyme à l'écran).

Du point de vue iconique, une logique comparable se manifeste dans les sites web par un reflux éclatant du dessin comme modalité traditionnelle de l'écriture et de la culture écologistes, en faveur d'un fond uni, pastellisé et quadrillé par la transparence de la mise à disposition des informations.

La transparence se rend visible par sa dimension logicielle et informatique, qui est ainsi censée la prémunir des dangers de la sémiotique, à la fois linguistique et iconique. Là encore corrélée au développement durable, la discipline de la transparence passe par l'administration d'une culture du chiffre, de la norme et de l'évaluation. Elle se manifeste dans des gestes discursifs faussement évidents : de mise à disposition d'une information donnée comme pure, bref d'une *information* paradoxale, car sans *mise en forme*. À tel point que c'est l'écriture éditoriale qui devient à son tour paradoxale, puisqu'elle est à la fois triomphante (c'est la seule énonciation qui reste) et neutralisée (puisque tout concourt à l'estomper).

Point de vue éditorial

D'un point de vue éditorial, la transparence s'exhibe dans une mise à disposition équivalente des contenus et des acteurs, alignés sur le même plan, celui de la « ressource ». On sait que la médiation des savoirs se lit souvent comme une mise en scène de l'acte même de transmettre un contenu vulgarisé. De même, le geste éditorial du site transparent s'accomplirait ici dans une mise en scène de l'acte de désigner l'autre, comme un pur contenu, comme un pur document.

Il s'ensuit qu'une posture très répandue émerge alors, qui consiste pour les sites à se construire comme le centre d'une polyphonie dont ils se proposent d'organiser la médiation. Cette posture privilégiée, nous avons décidé de la décrire comme une « médiagénie ». Par ce terme, nous faisons référence aux théories de Philippe Marion [11] ; nous l'entendons plus précisément comme la rencontre entre un média et un type de discours, d'écriture et/ou d'édition, le premier étant particulièrement bien adapté à la communication du second.

Seulement, avant de rentrer dans le vif de la médiagénie du site médiateur, il convient précisément de faire un point sur la notion, ouverte, de médiation, afin de prendre en compte sa dimension avant tout scripturale dès lors qu'elle est informatisée.

11. Philippe Marion, « Narratologie médiatique et médiagénie des récits », *Recherches en communication*, n° 7, Louvain-la-Neuve, UCL (COMU), 1997.

Le dispositif scriptural de la médiation

Sociale avant que d'être technique, la notion de médiation désigne de multiples niveaux d'analyse, ce qui engage, par là même, différents types d'acteurs et de relations. Si l'on voulait dresser une typologie possible des médiations liées à Internet, on pourrait isoler trois classes principales :

– les médiations sociales
– les médiations techniques
– les médiations scripturales

Quand elles sont « sociales », les médiations renvoient à l'ensemble des adresses circulant parmi les acteurs et les autres médias, autrement dit l'ensemble des liens que l'on peut obtenir hors du web en fonction d'un recueil plus ou moins spontané, plus ou moins recherché, et en fonction de conseils qui désignent les médias informatisés comme un certain horizon de consultation. Social ou « intermédiatique », le sens de ces médiations est centripète en ce qu'elles renvoient massivement vers cet espace documentaire, tantôt pensé comme la source (un média anticipateur), tantôt comme le relais ou le réservoir (un média archiviste) de l'information et des autres médias.

Les médiations « techniques » font, quant à elles, référence à une activité et à une écriture inscrites sur le web lui-même (et donc davantage centrifuges que centripètes). Elles désignent l'ensemble des liens fournis par les outils documentaires : les moteurs de recherche, les annuaires, entre autres. Est « technique » la réponse d'outils, dont le fonctionnement est automatique, l'accès à ces médiations dépendant d'une prise en charge préalable par l'usager, qui fait lui-même le choix d'un outil précis de consultation.

Les médiations « scripturales », enfin, renvoient à l'ensemble fort vaste de celles que l'on trouve sur les sites, à la charge d'un scripteur, qui a préalablement pris le soin de rédiger, à l'aide de logiciels dédiés à cette tâche, un lien vers d'autres sites. C'est une médiation informatiquement écrite, socialement inscrite. Elle se matérialise par un « signe passeur[12] » qu'il convient d'activer pour accéder au site ainsi désigné.

Malgré sa simplicité, cette typologie montre que la notion de médiation est riche dès lors que l'on s'intéresse à ce type de médias. Seulement, il importe d'en relativiser l'hétérogénéité apparente. Plurielle dans ses circuits de communication, la médiation passe néanmoins toujours, fût-ce *in absentia*, par un processus d'inscription. Si bien qu'au-delà des trois types ainsi repérés, s'affirme le primat du scriptural.

En effet, c'est un fait que l'adresse URL du site surdétermine la forme de ses diverses médiations, à commencer par les médiations techniques : même générés automatiquement, les liens fournis par un moteur de recherche restent d'un format d'écriture lui-même unifié, la liste. On peut même considérer que, dans le cas des médiations sociales, la dimension scripturale continue de primer, lors même que nous quittons les dispositifs informatisés ; sur les autres médias

12. La notion de « signe passeur » peut préciser celle de « lien », en respectant à la fois sa diversité sémiotique et son statut technique d'objet informatique devant être activé à l'écran… *Cf. Lire, écrire, réécrire. Objets, signes et pratiques des médias informatisés*, sous la direction de Emmanuël Souchier, J. Le Marec et Yves Jeanneret, BPI, 2003.

d'abord, la forme inscrite est mise en valeur par la typographie de la presse ou l'incrustation de (et sur) l'écran de télévision. Il n'est pas jusqu'à la radio qui ne subordonne la formulation orale de l'adresse d'un site à son écriture, reliée en cela à un imaginaire (linguïstique) du codage informatique (« w » « w » « w » « point » « nom du site » « point » « f » « r » ou « point » « com ») ; processus de scriptuarisation de la parole que l'on retrouverait également dans les échanges les plus banals de la vie quotidienne. Techniquement, socialement, médiatiquement, la médiation relève d'un avant-plan scriptural, d'une image du texte de réseau comme un tissu de marques inscrites.

La pratique de la trace [13] renvoie à une poétique de l'inscription de la médiation dans un dispositif avant tout éditorial. C'est précisément sur cette base (qu'il faut voir moins comme un déterminisme, que comme une prédilection sémio-technique), que ceux des sites environnementaux qui jouent la transparence de la désignation neutralisée de l'autre, assoient leur médiagénie de « sites passeurs ».

La médiagénie du site passeur

Dans un article important, Antoine Hennion [14] fait le point sur l'approche des médias en termes de médiations ; à la lumière des apports de la sociologie de la culture et de l'art, il milite pour une prise en compte par les chercheurs qui s'intéressent aux médias, du réseau, parfois complexe, des médiations et des acteurs de ces médiations (Antoine Hennion envisage alors la nécessité d'« un vaste repeuplement »). Parmi eux figure l'ensemble des intermédiaires qui se situent à l'interstice des sujets, des objets et des sémiotiques. L'analyse des médias informatisés ne fait qu'accréditer, en les rendant plus aiguës encore, cette description et cette proposition heuristiques.

Le fait est que le web appelle, depuis ses origines, ce que Umberto Eco nomme des « filtres » [15], autrement dit des outils de balisage, à fonctionnement avant tout taxinomique, permettant de se repérer dans l'amas informationnel réel ou supposé du « cyberespace ». L'attention portée aux médiations sur une question spécifique comme celle de l'environnement, montre l'extrême représentation de ces filtres conçus et proposés par de nombreux acteurs du web comme autant de moyens pour s'y retrouver. Il n'est pas jusqu'au site le plus institutionnel qui ne va proposer sa propre liste de sites à voir et donc sa propre cartographie, aussi mince soit-elle. On retrouverait bien évidemment de telles constatations pour une multitude d'autres domaines de recherche. Et, à cet égard, on ne peut que souscrire à l'approche intuitive d'Anne Cauquelin qui rapproche le site web du site géographique comme un lieu qui tend moins à « être vu » qu'à « donner à

13. Cela rejoindrait les analyses extrêmement riches de Jean Davallon (*et alii*) sur les « traces d'usages » des sites médiateurs : « L'usage dans le texte : les "traces d'usage" du site Gallica », in *Lire, écrire, réécrire, Objets, signes et pratiques des médias informatisés*. Bibliothèque publique d'information, Centre Pompidou, 2003.

14. Antoine Hennion, « De l'étude des médias à l'analyse des médiations : esquisse d'une problématique », *Médiaspouvoirs*, n° 20, 1990.

15. « Auteurs et autorité », entretien avec Umberto Eco, in *Text-e. Le texte à l'heure de l'Internet*, BPI, Centre Pompidou, 2003.

voir »[16]. Néanmoins, les analyses font penser que la nature du champ environnemental que nous avons observé, a une influence notable sur la prédilection des sites à se faire médiateurs.

L'environnement est en effet un objet communicationnel extrêmement ouvert, au sein duquel le savoir stabilisé est loin d'être dominant. C'est un domaine marqué par la pluralité des discours, des enjeux, des acteurs et des disciplines[17]. Il s'ensuit que la posture médiatrice des sites est d'autant plus légitime et d'autant mieux légitimée qu'elle promet de baliser deux horizons soumis à l'incertitude : la connaissance environnementale proprement dite, d'une part, et l'identification des acteurs et des ressources du web, d'autre part. C'est précisément dans ce contexte, on l'a vu, que le développement durable advient comme l'objet communicationnel providentiel pour unifier des savoirs, mais aussi pour entrer en congruence avec ces médias eux aussi providentiels que constituent les médias informatisés.

Mais, pourquoi parler alors de « sites passeurs » plutôt que de sites médiateurs ? Le choix n'est pas seulement de détail. Nombreux sont, en effet, les types de sites qui se vouent à la médiation de contenus ou d'acteurs, et leurs définitions, elles aussi, abondent. « Filtres », « portails », « *vortails* », « listes », « annuaires » sont autant d'appellations en usage pour désigner les sites médiateurs. Toutefois, le travail de cartographie, allié à une analyse détaillée des sites, montre qu'une « médiagénie » plus précise se dessine, qui mérite sa propre description et sa propre définition. À souligner et à surdéterminer leur rôle de médiateurs, les sites qui sont les plus visibles dans le champ du web environnemental, arguent de deux enjeux fondamentaux :
– ils se présentent comme des acteurs neutres au sein d'un débat qu'ils espèrent pacifié, à tout le moins neutralisé ;
– ils se présentent comme des outils, des *machines à médier* ; ils sont l'équivalent sur un mode socio-communicationnel (et par là inévitablement politique) du procédé technique du lien hypertextuel. C'est pour cela que sur le modèle du « signe passeur », nous avons appelé ces médiateurs des « sites passeurs ».

À la différence d'un simple annuaire ou d'un moins simple portail[18], le site passeur surdétermine sa fonction médiatrice, se présentant comme un pur opérateur de liens vers d'autres sites. Il se différencie ainsi du portail par sa nature avant tout transitive, elle-même à la source d'un jeu entre l'autre et le même extrêmement riche, jeu qui est lui-même adossé à la question de la neutralité. Cette neutralité est

16. « Si l'on prend "site" au sens de "vue", quel panorama s'ouvre donc devant nous ? Ce n'est plus la stabilité ni la propriété mais peut-être bien tout le contraire, la dépossession. L'aventure. Le site est ce point du territoire d'où je peux embrasser l'espace, la campagne d'un regard circulaire. Roc. Phare. Ville au sommet d'une colline chez les peintres florentins. Le site donne à voir quelque chose qui n'est pas lui, quelque chose de son environnement, ses alentours. Il vaudrait d'ailleurs seulement par cela : la facilité qu'il offre de lui tourner le dos pour regarder ailleurs, au loin. Il est pittoresque, il pose et fait garder la pose à ce qu'il domine. [...] Le site est ce qui n'est pas vu, mais qui donne à voir. », Anne Cauquelin, *Le Site et le paysage*, PUF, coll. « Quadrige », 2002, p. 27.

17. Yves Jeanneret, « L'environnement comme espace discursif », Journée d'études *Enjeux et acteurs de la communication environnementale*, le 4 juin 2003, Gripic, Celsa, Paris IV-Sorbonne.

18. Le portail est une notion qui est linguistiquement déterminée par la notion d'ouverture et de clôture, voir sur cette question Etienne Candel, « Le portail dans les imaginaires de l'accès au savoir », *Communication & langages*, n° 146, 2005.

essentielle dans la posture ainsi mise en avant, dans la mesure où, passeurs, les sites tentent d'estomper au maximum les marques de leur énonciation éditoriale.

Pour autant, doit-on en tirer la conclusion que le dispositif de médiation se referme sur une discipline parfaitement administrée et une normalisation des écritures ? L'analyse précise que nous avons faite de certains sites passeurs permet de voir émerger d'autres hétérogénéités à l'œuvre ou, mieux encore, un nouvel espace de négociation de l'hétérogène, à travers un jeu renouvelé avec le divers et avec l'autre. Je voudrais en présenter à présent quelques exemples à travers la notion de « cadrillage ».

LE *CADRILLAGE*

En proposant le mot-valise *cadrillage*, il s'agit, en réalité, de décrire un principe beaucoup plus large, quasi abstrait, mais qui est très représenté dans le cas des sites, notamment passeurs, dont l'écriture de la médiation radicalise l'actualisation.

Étant donné que les sites médiateurs, en général, et passeurs, en particulier, tendent à multiplier les taxinomies (verticales, horizontales, ou même circulaires), leur écriture revient à *quadriller*, à l'aide de *cadres* persistants ou volatils, l'espace de la page web. De sorte que l'« écrit d'écran » atteindrait peut-être là à l'une de ces spécificités à la fois scripturale, documentaire, logicielle, médiatique et « intellectuelle »[19]. Le cadrillage a ainsi un premier objectif évident : rendre visible l'exhaustivité de la carte des ressources proposée par le site comme un panorama. Le second objectif est communicationnel : rendre tangible dans une logique éditoriale affichée une vision du débat et de sa polyphonie.

Mais, dans un premier temps, on peut dire que les choix éditoriaux dont il va être question, ne sont pas sans lien avec d'autres enjeux propres à la technique de l'écriture informatique, en un mot l'ergonomie des sites. Il est ainsi intéressant de souligner, par exemple, que la multiplication des signes passeurs vers une même information est le corollaire du choix ergonomique de la « multi-indexation », censée améliorer la visibilité (et, censément par là, la navigabilité) d'un site. Entre parenthèses, cet exemple montre aussi comment un ensemble de critères d'évaluation professionnelle hégémoniques comme l'ergonomie, gagne toujours à être remis en perspective avec d'autres dimensions communicationnelles généralement considérées comme secondaires alors qu'elles sont déterminantes, comme c'est le cas ici de la dimension sémiotique.

Car le fait est que la multi-indexation reste une question scripturale. En effet, recourir à plusieurs signes pour accéder à la même page, implique une diversité sémiotique face à une unité de contenu. Le contenu de la médiation reste, quand ses formes changent. Inversement, choisir de rassembler sous une même rubrique, ou sous une même forme de rubriquage, une pluralité d'acteurs ou de sites, entraîne un jeu particulier entre homogénéité et hétérogénéité. Or, ces éléments sont essentiels pour qui veut analyser (ou même évaluer) réellement et complètement un site web.

De ce fait, il serait possible pour commencer de tirer une sorte d'axiome : par le principe du « cadrillage », il est possible de construire de l'hétérogène là où on a de l'homogène et de construire de l'homogène là où on a de l'hétérogène.

19. Au sens où Jack Goody parle des « technologies de l'intellect ».

Pour en donner quelques aperçus, il n'est que de prendre un exemple qui servira de fil à cette étude, à savoir www.planetecologie.org. Site passeur typique à l'identité encyclopédique revendiquée, www.planetecologie.org incarne une vision irénique et neutralisée de la médiation[20]. Il est, à ce titre, parfaitement intégré au contexte du développement durable dont il se veut, de manière significative, un « militant ».

Or un tel projet d'homogénéisation du texte de réseau ne le prémunit pas de la diversité énonciative de ses propres taxinomies, d'une part, de ses propres modalités d'écriture, d'autre part. Bien que son cadrillage cherche à rendre visible une neutralité bienveillante, le geste éditorial lui-même n'est pas exempt de subjectivité, tout uni qu'il s'affiche. De ce point de vue, la prise en compte des « traces d'usage »[21] d'un tel site est fort révélatrice. Il est fréquent, en effet, de vérifier que les autres sites sont préférentiellement cités et désignés en fonction de ce qui les rend homologues au site passeur, et notamment leur écriture taxinomique. Les sites sont souvent décrits, présentés et importés en vertu de leur capacité à organiser leur propre espace documentaire. Aussi www.planetecologie.org cite-t-il principalement les sommaires, les index, les annuaires des autres sites.

Voici par exemple, la « trace d'usage » d'un site précis, le site de la revue « Passerelle Eco », que l'on trouve sur le site passeur :

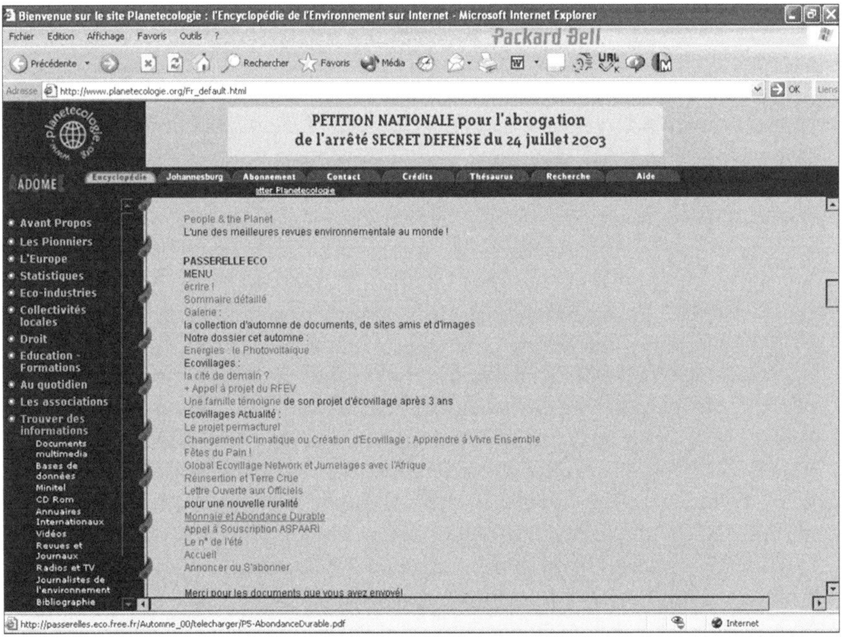

Le site « passeur » : le sommaire récrit

20. À cet égard, il est utile de préciser que c'est un site assez « populaire », selon les critères d'indexation de Google, pour figurer souvent en bonne place dans les listes de résultats du moteur de recherche ; il est, d'autre part, recommandé comme le site à voir sur l'écologie par l'annuaire www.yahoo.fr.

21. Jean Davallon *et alii*, *art. cit.*

Si l'on bascule maintenant sur le site « passé », on retrouve le même sommaire dans son état d'origine, avant qu'il n'ait fait l'objet d'une « récriture » sur www.planetecologie.org :

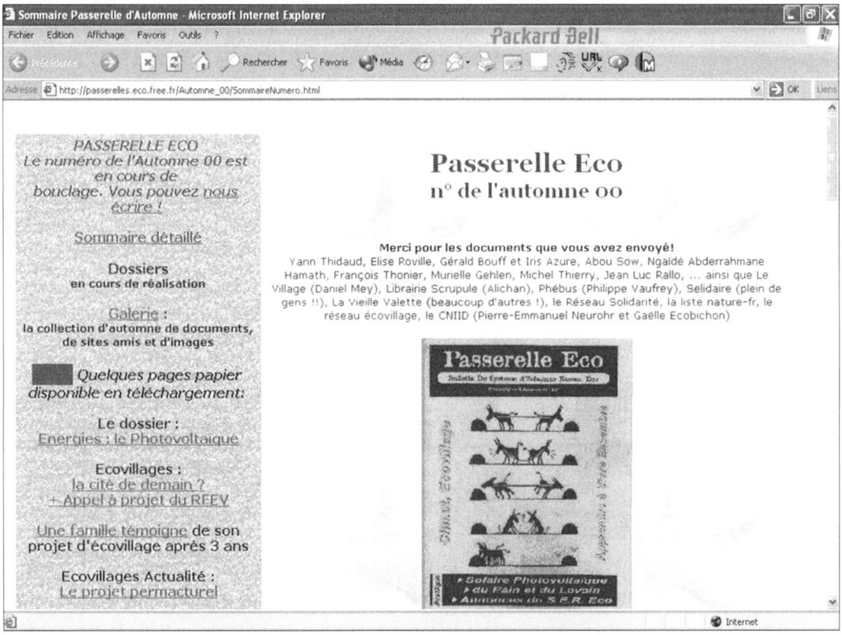

Le site « passé » : le sommaire d'origine

Mêmes rubriques, mêmes titrailles, mêmes contenus : il s'ensuit un effet de circularité plutôt que de circulation, de répétition plutôt que de différence, qui contribue à construire une vision pacifiée, conciliée des acteurs par et pour le projet encyclopédique. L'encyclopédie est bien alors un cercle vicieusement vertueux de stabilisation des débats.

Pourtant, à côté du projet qu'affiche ce site passeur d'une médiation neutre et d'un débat neutralisé, la réalité scripturale de la médiation est elle aussi plus diversifiée. Il semble, en effet, que le traitement n'est pas identique pour tous les sites, et des différences existent alors dans la manière de les passer. On verrait ainsi qu'il se crée une intimité plus grande pour les sites globalement militants que pour les sites institutionnels par exemple : www.planetecologie.org a effectivement une tendance relativement marquée à incorporer le site militant ou associatif au sein de sa page et de son cadre centraux, quand il préfère faire apparaître les autres sites sous forme de *pop-up*, c'est-à-dire en ouvrant une nouvelle fenêtre. Voici ainsi à titre illustratif deux « citations » de sites dont l'identité est différente bien que l'inscription sur le site cadrillé semble identique.

Greenpeace

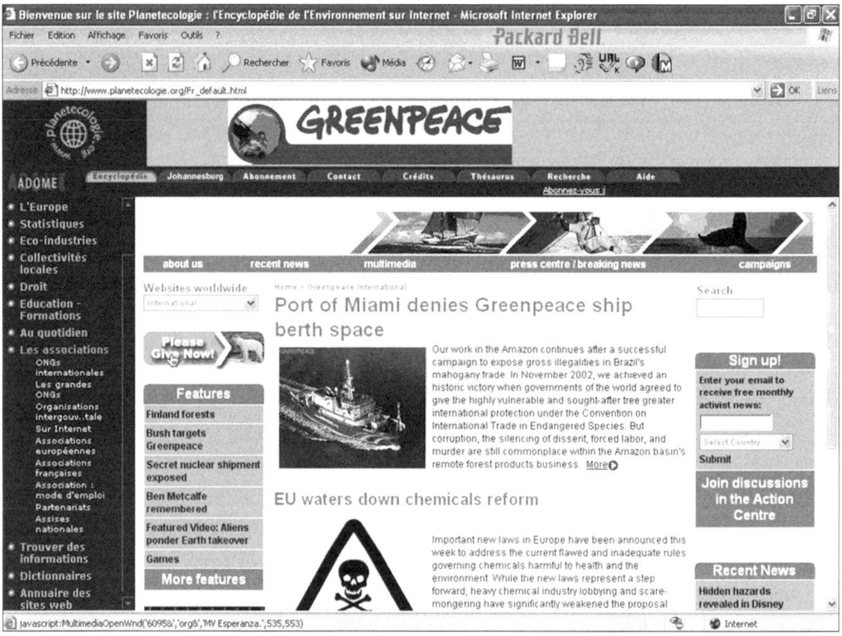

Ici, Greenpeace est incorporé dans le cadre central de www.planetecologie.org, tandis que dans la capture d'écran suivante, le Ministère de l'Environnement reste comme extérieur au site passeur :

La pollution de l'air

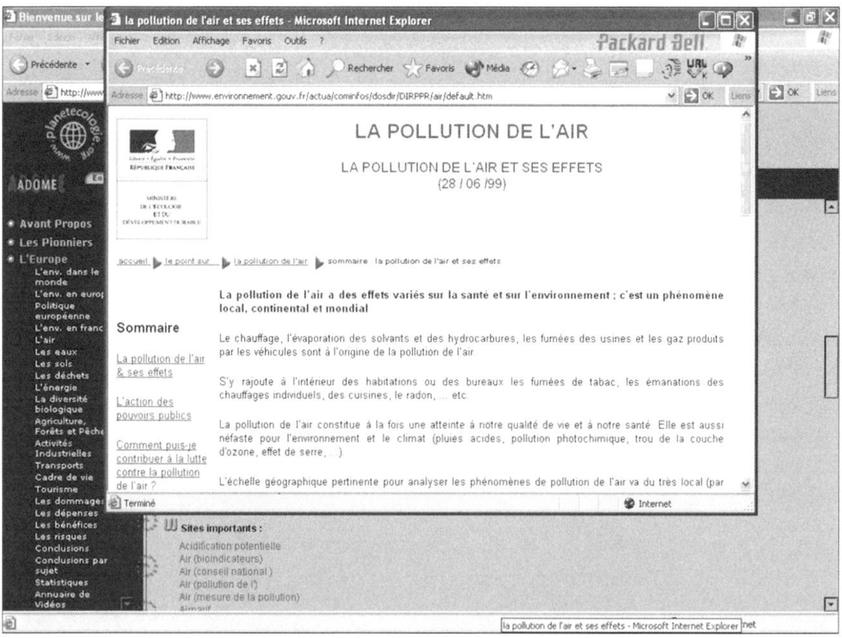

Il est difficile néanmoins d'en tirer des conclusions trop tranchées sur une stratégie pleinement consciente et massive. Il est possible, de surcroît, que la forme temporellement évolutive des sites, surtout quand il est aussi important que celui-ci, orchestre divers états diachroniques et donc diverses écritures qui coexistent en synchronie. Peut-être enfin ce site vise-t-il à montrer sa propre exhaustivité de ressources par une exhaustivité technicienne de citation de l'autre, se présentant ainsi autant comme l'« encyclopédie de l'environnement » sur Internet, que « l'encyclopédie » de l'objet : « l'environnement sur Internet ».

Ce qui compte alors, c'est de voir dans le « cadrillage » une notion plus large, plus abstraite. On doit, en effet, y voir une incarnation visuelle – mieux visualisée – de l'« énonciation éditoriale » dont parle Emmanuël Souchier[22]. Le cadrillage signale un art de la disposition préférentiellement *carrée*, sous forme de cadres, de briques, d'onglets, de pavés, activables ou non. Il indique dès lors la nécessité d'envisager le dispositif de la médiation informatisée comme un jeu sur la disposition visuelle de l'autre : tout autant dans les choix éditoriaux du site qu'au contraire dans la neutralité construite par le geste affiché de transparence.

De tout cela, ressort, en dernière analyse, que le cadrillage est au cœur de la tension, que les médias informatisés réactivent en l'aiguisant, entre l'écriture et la parole, entre le régime de la lisibilité et celui de la visibilité.

Entre lisibilité et visibilité

Que l'on choisisse la métaphore de l'arbre, du rhizome ou du réseau[23], la médiation sur le web procède d'un véritable dispositif, et d'un dispositif éditorial, en ce sens que l'écriture a partie liée non seulement avec la technique qui la supporte et la rend opérante, mais encore avec l'activité sociale et politique de la distribution de la parole. Un contexte d'analyse aussi précis que celui du développement durable rend ainsi particulièrement tangibles les implications d'un tel dispositif sur ce que c'est que donner à entendre l'autre, à plus forte raison quand la prétention à la médiation se double d'une volonté d'organiser les conditions sereines du débat.

La médiation s'articule à la notion de dispositif, à deux titres principaux :

– le dispositif implique, d'abord, une disposition, un art quasi spatial de l'organisation des contenus comme des acteurs, bref des ressources ;

– d'un point de vue communicationnel et politique, le dispositif renvoie, ensuite, à la fonction première de l'écriture qui consiste non pas à « reprodui[re] la parole », mais à « la rend[re] visible », comme le dit Anne-Marie Christin[24].

Or, cette puissance de visualisation de l'écriture est essentielle pour comprendre les métamorphoses en jeu. Disons que le dispositif de la médiation ne se contente plus de rendre visibles le langage ou le contenu des paroles, mais l'énonciation elle-même, et les instances même de l'énonciation (et de manière encore plus abstraite, la polyphonie elle-même).

22. Emmanuël Souchier, « L'Image du texte », *Cahiers de médiologie*, n° 6.

23. Noël Nel, « Des dispositifs aux agencements télévisuels », *Hermès*, n° 25 « Le dispositif », 1999.

24. Anne-Marie Christin, *L'Image écrite ou la déraison graphique*, Flammarion, coll. « Idées et recherches », 1995.

Cela rejoindrait assez les tentatives de rationalisation plus ou moins récentes de la médiologie qui a *mis à jour* sa tripartition d'origine (« logosphère », « graphosphère » et « vidéosphère ») en y ajoutant l'« hypersphère », justement définie par l'impossibilité de la position de surplomb. Le dispositif de la médiation montre, en effet, à travers la médiagénie des sites passeurs, la difficulté et la retenue qu'il y a produire des métatextes, des commentaires sur les autres qui ne soient pas des « traces d'usages » : à savoir beaucoup moins des commentaires axiologiques des discours, des paroles, des engagements, que des évaluations logistiques, sinon ergonomiques, du savoir-faire numérique de l'autre (sa *tekhné*).

Il est difficile, alors, de ne pas faire une dernière fois le lien avec le développement durable. On l'a dit rapidement plus haut, mais à un niveau purement rhétorique, le développement durable est intéressant en ce qu'il relève fondamentalement d'une logique de dépassement (voire de dépassement dialectique) des apories : le développement durable, c'est la résolution du conflit théoriquement indépassable entre économie et écologie. C'est pourquoi les acteurs inscrits dans le développement durable postulent la fin des débats stériles, des débats « partisans » ou « théoriques », au profit de l'action, du volontarisme, de la bonne volonté, des bons comportements, et, on l'a dit, des bons gestes à suivre, y compris communicationnels…

Pour peu que la stabilisation des échanges constitue un objectif politique d'action, le dispositif de médiation réalise, alors, pleinement cette asthénie latente de la parole médiée en s'actualisant comme une méta-médiation (qui est tout sauf un métatexte critique). Interne, il retourne le site médiateur en passeur de lui-même ; externe, il désigne l'autre en tant que possesseur d'une voix, d'une capacité à avoir une parole particulière sur telle ou telle question : il ne donne plus la parole, tel le médiateur *in praesentia* de quelque situation communicationnelle que ce soit, mais il désigne l'autre comme une source de parole(s), autrement dit en termes foucaldiens, comme un *document*. De sorte que, pour ramasser cela, on pourrait dire que l'écriture informatisée de la médiation est moins fondée à donner la parole qu'à *donner la voix*.

Il reste que jusque dans la médiation du débat, la maxime de transparence constitue bien l'axe principal autour duquel s'organisent les acteurs environnementaux et leurs discours. C'est peut-être même paradoxalement au sein d'un espace lui-même conçu comme transparent – à savoir Internet –, que la transparence montre le mieux, le plus manifestement, sa complexité communicationnelle et scripturale, bref sa propre visibilité. Informatisée, la médiation s'avoue alors comme une notion hétérogène, tout autant pour la théorie qui l'ausculte, que dans les actualisations elles-mêmes multiples qui en traduisent les usages : technique, scripturale, sociale et politique, la médiation, c'est cet écheveau intriqué – et difficilement *extricable* – d'enjeux qui en font la « polychrésie »[25] plutôt que la polysémie. L'approche (sociologique, économique, politique) qui

25. Yves Jeanneret réserve ce terme à la multiplicité des usages qu'une notion, mise en action dans des discours et des pratiques, permet, au-delà de la seule polysémie, par nature limitée aux enjeux sémantiques. *Cf.* Y. Jeanneret, *L'affaire Sokal ou la querelle des impostures*, Paris, PUF, 1998.

privilégierait un seul de ces pans, ou même plusieurs en les alignant, manquerait la première au seul bénéfice de la seconde. Le cas d'Internet est intéressant alors pour voir comment les questions du texte, du réseau et du texte de réseau, restent essentielles pour l'approche d'une question politique dominante, pour ne pas dire écrasante, comme l'est la transparence, et désignent ainsi les sciences de l'information et de la communication comme le territoire et le point de vue aptes à les appréhender.

OLIVIER AÏM

Globalisation et turbulence

Convergence des formats, différence des cultures

GLORIA AWAD

Cette contribution propose une analyse comparative de pages d'accueil des sites d'information en ligne d'Al Jazeera, de la BBC et de CNN. L'analyse s'appuie sur un modèle anthropologique et sémiotique qui situe l'information au sein des cultures et l'inscrit dans les structures de la scripturalité. Ainsi la production informationnelle est-elle considérée comme un phénomène en équilibre instable entre domination et résistance. En se centrant sur l'analyse de trois sites arabophones sur Internet, Gloria Awad montre que, par-delà les processus d'uniformisation des formats, le réel invoqué par les trois sites est l'objet d'une sélection et d'un traitement. Les mondes que produit l'information, tout comme les récits possibles de l'histoire, sont tributaires du contexte culturel, politique et économique dans lequel ils sont opérés, tout autant que du média qui les diffuse et du public qui les reçoit.

L'anthropologue américain d'origine indienne Arjun Appadurai indiquait en 1996 que la nouvelle économie culturelle globale était « un ordre complexe, disjonctif, mais possédant des points de superposition », qui ne pouvait plus « être compris selon les modèles centre-périphérie existants, même ceux qui postulent des centres et des périphéries multiples » [1]. La culture ainsi évoquée apparaît comme le contenu anthropologique que le courant des Études Culturelles, notamment avec Stuart Hall, fournit à l'idéologie. Celle-ci est définie non plus comme une stratégie mais comme une culture qui exprime les valeurs dominantes [2]. Ce décentrement renoue avec une conception weberienne de la culture en tant qu'ordre dans le chaos et construction perpétuelle de la réalité. Il considère l'idéologie non plus seulement comme une imposition d'idées, mais également comme un échange permanent, une tension entre des mécanismes de domination et de résistance, à la fois en raison de dissensions internes et de tensions avec les cultures subalternes. Cette approche place les médias au centre de la culture et affirme qu'ils reproduisent l'idéologie dominante, sans qu'il s'agisse cependant d'une tendance systématique : les médias reflètent les dissensions internes de cette idéologie tout en ayant une

1. A. Appadurai, *Modernity at Large. Cultural Dimensions of Globalization*, Minnesota, The Regents of the University of Minnesota, 1996 ; traduit en français sous le titre *Après le colonialisme. Les conséquences culturelles de la globalisation*, Paris, Payot-Rivages, 2001, p. 68.

2. S. Hall, « Cultural Studies and its Theoretical Legacy », *in* D. Morley, *Stuart Hall: Critical Dialogues in Cultural Studies*, 1996, New York, Routledge, Kuan-Hsing eds., p. 262-275.

logique de fonctionnement qui leur est propre, notamment en temps de conflit et de guerre, où l'information retrouve une position centrale.

Paysages médiatiques turbulents

Dans ce cadre de réflexion, l'espace médiatique est à la fois un espace économique et stratégique, mais aussi un lieu pratiqué[3] par des imaginaires spéculaires et faisant l'objet d'une négociation dans un ensemble défini de possibles. Cet espace reproduit l'idée de « turbulence globale » modèle selon Roseneau de la mondialisation dans un monde devenu unipolaire après la guerre froide, mais turbulent et multicentrique[4]. Il combine le local et le global, dans un enchevêtrement de « médiascapes »[5]. Le plus important à propos de ces médiascapes, c'est qu'ils fournissent à des récepteurs disséminés sur toute la planète de larges et complexes répertoires d'images, de récits et d'ethnoscapes[6].

D'où la pertinence de cette approche pour le présent travail comparatif des pages d'accueil des sites arabophones d'information en ligne de trois médias internationaux : Al Jazeera, la chaîne de télévision satellitaire arabe d'information continue, la British Broadcasting Corporation (BBC), société de médias britannique mondialement connue et reconnue, et Cable News Network (CNN), chaîne américaine transnationale d'information continue (entre le 21/08/2003 et le 15/09/2003). Dans un cas comme dans l'autre, l'information participe à la configuration de réalités du monde ainsi que d'un sens de soi, de nous et des autres. Car elle permet le partage, l'intériorisation et l'anticipation des normes et catégories d'auto- et d'hétéro-assignations. Le réel invoqué par les trois sites renvoie au champ sur lequel ils opèrent. Se traduit-il par une construction similaire de l'information ? Est-il une adaptation au contexte culturel, politique et économique ainsi qu'au public qui les reçoit ? Quels sont les éventuels enjeux et manifestations de ces adaptations ? Le présent des groupes faisant de plus en plus l'objet de reportages, de commentaires, d'images sonores ou visuelles, le journalisme est moins ce qu'on aurait appelé un champ qu'une arène pour des justifications, des choix et des représentations conscientes. Le modèle anthropologique d'Appadurai permet une approche de l'information journalistique en tant que présent historicisé. Celui-ci vient s'insérer dans un feuilleté entre le monde et le monde vécu. Il participe simultanément à la constitution du réel et de l'imaginaire. C'est une perspective qui place l'information tout autant dans la culture de la scripturalité que dans la diversité des cultures sociales.

3. M. De Certeau, *L'invention du quotidien. Arts de faire*, Paris, Gallimard, 1990.

4. J. Rosenau, *Turbulence in World Politics. A Theory of Change and Continuity*, Princeton, Princeton University Press, 1990.

5. C'est-à-dire, selon Appadurai (*op. cit.*, p. 71) des « paysages fluides et irréguliers dessinés par les flux médiatiques, qui sont à la fois la distribution des moyens électroniques de produire et de disséminer de l'information, désormais accessibles à un nombre croissant d'intérêts publics et privés à travers le monde, et les images du monde créées par ces médiascapes ».

6. Appadurai définit les « ethnoscapes » comme les paysages fluides formés par la trame du mouvement humain contemporain réel ou fantasmé, où sont imbriqués le monde de la marchandise et celui de l'information et de la politique.

Journalisme et poétique des cultures

Aussi, nous adoptons une démarche sémiotique pour rendre compte de ces textes journalistiques, à la fois appareils logiques et phénomènes matériels, espaces circulaires traversés par un croisement de mobiles, inscrits dans une conjoncture et dans une situation pratique et organisés par des cadres interprétatifs habités par la poétique des cultures. Le texte est ainsi un objet matériel incarné sur un support, porteur d'une pluralité de codes conjugués, reconnaissable à partir de formes générales et d'un imaginaire, nécessairement habité par une hétérogénéité malgré sa visée de cohérence, inscrit dans un processus technique et économique[7].

L'offre informationnelle globale occupe un marché caractérisé par une internationalisation et une fragmentation des publics, une « glocalisation ». Internet, nouveau dispositif sociotechnique, fait converger l'offre et les supports. Il intègre à la fois un nouveau système de communication et un nouveau système de diffusion, le tout enchevêtré aux anciens médias existants qui en sont les repères et à qui il ouvre des horizons de diffusion relativement dégagés des contraintes temporelles de l'agenda. Il atteint un public de plus en plus chaotique, éparpillé et embrouillé dans sa composition, virtuellement infini, dont l'échelle est la planète.

Ce dispositif permet aux médias anciens une visibilité et une accessibilité sur le réseau mondial ainsi qu'une multiplication de leur offre de produits qui engendre de nouveaux revenus. Ainsi, le site arabophone d'information en ligne d'Al Jazeera a été lancé en janvier 2001. Le portail anglais a été ouvert au début de la guerre en Irak, avec en page d'accueil des images de soldats américains capturés à Nassiriah. Il a aussitôt subi les attaques massives de pirates informatiques qui l'ont rendu inaccessible. La chaîne a aussitôt ajourné ses projets d'une version anglophone en ligne jusqu'au mois de mars 2004, date à laquelle elle annonçait sur son portail anglais avoir rompu la barrière de la langue et détourné le sens classique des flux de l'information, pour une diffusion de nouvelles qui passeraient autrement inaperçues à une audience internationale. La logique de mise en ligne du site arabophone de CNN correspond à la stratégie de la chaîne internationale, atteindre les audiences les plus nombreuses dans leurs propres langues. Ainsi arabic.cnn.com est sa sixième édition en ligne en langue régionale, après les offres d'information en italien, allemand, espagnol, portugais et danois. C'est cette même approche que la BBC avait déjà appliquée avec une diffusion radiotélévisée multilingue, avant de mettre en ligne des sites d'information en 43 langues dont BBCARABIC.com.

Les intentions éditoriales des trois sites relèvent de stratégies différentes. Pour CNN, qui a été le média de la globalisation au lendemain de la fin de la guerre froide, la mise en ligne d'un site d'information arabophone correspond à une déclinaison de l'information globale en fonction des régions où cette information est produite[8]. Il en est de même pour la BBC qui bénéficie en plus de l'image d'un média d'information internationale « objective » et « neutre ». En fait, les

7. Y. Jeanneret, *Y a-t-il (vraiment) des nouvelles technologies de l'information ?*, Lille, Presses Universitaires du Septentrion, 2000, p. 75-76.

8. I. Volkmer, *News in the Global Sphere: A Study of CNN and its Impact on Global Communication*, Luton, University of Luton Press, 1999.

deux médias pratiquent un journalisme fondé sur l'objectivité et qui consiste à rendre publiques, sur une période restreinte, des informations et des commentaires présentés comme vrais et sincères à une audience dispersée de personnes anonymes, « de façon à les inclure publiquement dans un discours pris pour être publiquement important »[9]. Le site d'Al Jazeera, tout comme la chaîne elle-même, se réclame de ce même modèle du journalisme dans lequel l'information est autre chose qu'une idéologie politique ou un intérêt de propagande évident, tout en indiquant qu'il entend fournir « des nouvelles arabes d'une perspective arabe ». Ce faisant, il proclame l'intention de ses promoteurs de reprendre l'initiative de s'auto-représenter et de participer à la construction des mondes possibles de l'information et des récits possibles de l'histoire.

Enfin, la période examinée se caractérise par une forte demande internationale d'information sur la région du Moyen-Orient en raison de la guerre contre l'Irak qui a commencé le 20 mars 2003. Selon la vieille loi journalistique du mort/kilomètre, la proximité, tant spatiale que socioémotionnelle, des opérations militaires et la participation au conflit armé accroissent l'audience de l'information de guerre où le groupe est représenté aux prises avec l'ennemi. Et selon la non moins ancienne dimension sécuritaire inhérente à toute guerre, le contrôle de l'information par l'autocensure et par la limitation de la liberté de sa circulation reste le dilemme à risques tant pour les États que pour les médias qui sont tiraillés entre l'objectivité qui désormais les légitime aujourd'hui ou la défense d'un camp[10].

Cette période inaugure également une situation particulière de l'information internationale. L'histoire du développement de cette information montre que depuis le télégraphe et les grandes agences de presse jusqu'aux grandes chaînes de télévision par satellite à couverture mondiale, en passant par les radios internationales à ondes courtes, ses flux suivaient l'expansion de l'impérialisme territorial et économique des grandes puissances de l'Europe occidentale d'abord et des États-Unis par la suite. Ils ont ensuite pris la direction à sens unique nord-sud. Cette asymétrie des échanges a été dénoncée à la fin des années 1970 par les pays du sud et l'UNESCO[11]. Mais depuis la fin de la guerre froide, des retours de flux d'information sont observés des périphéries vers les centres. Ces retours utilisent les savoirs, les savoir-faire et les techniques disséminées par le capitalisme occidental dans le reste du monde. Fernand Braudel indiquait déjà qu'à chaque moment de son histoire, « le capitalisme est une somme de moyens, d'instruments, d'habitudes de pensées, qui sont sans conteste des biens culturels et qui, comme tels, voyagent et s'échangent »[12].

9. M. Schudson, « The Domain of Journalism Studies around the Globe », *Journalism*, vol. 1, n° 1, London, Sage Publications, avril 2000, p. 55-59.

10. M. Mathien, « Les médias face à l'évolution sécuritaire occidentale. Un dilemme à risques : choisir la vérité ou défendre un camp ? », dans *Annuaire Français des Relations Internationales*, vol. IV, Bruxelles, Bruylant, 2003, p. 804-827.

11. S. Mac Bride, *Voix multiples, un seul monde. Rapport de la Commission internationale d'étude des problèmes de communication*, Paris, Documentation française-Les nouvelles éditions africaines-UNESCO, 1980.

12. F. Braudel, *Civilisation matérielle, économie et capitalisme*, Paris, Armand Colin, vol. 2, *Les Jeux de l'échange*, tome II, 1979, p. 669.

Ainsi en est-il du journalisme, paradoxe et système de jonction qui informe et relie en fondant en nature une réalité qu'il construit et un public qu'il configure, et en ordonnant la complexité d'un espace qu'il matérialise et d'un présent qu'il objective. Cette transplantation d'un modèle exogène dans les sociétés du Moyen-Orient, comme ailleurs dans le monde, a d'abord pris le tournant de la presse d'opinion puis de la propagande interne utilisée, comme dans l'histoire du journalisme occidental, pour intégrer les anciennes allégeances et susciter de nouvelles mobilisations : dans un cas comme dans l'autre, l'instance journalistique a pris le relais des anciens enchantements contre lesquels elle se positionne et qui répondaient à des angoisses et des interrogations présentes et configuraient du sens, des pratiques et des solidarités.

Ce n'est qu'au début des années 1990 que ce journalisme périphérique a adopté, au Moyen-Orient, avec la chaîne Al Jazeera, la rhétorique de l'objectivité, qui pose le principe d'un rapport de vérité et non d'instrumentation entre l'information et le réel.

IMAGES D'UN MONDE EN PERSPECTIVE

La page d'accueil du site en ligne d'Al Jazeera s'affiche à l'écran avec une seule information principale illustrée par une grande photo couleur, placée à droite de l'écran, comme se lit l'arabe. Le titre ainsi que le lien d'accès à la version détaillée sont en rouge. Les chapeaux sont en noir et le caractère a un corps plus grand que celui de BBCARABIC.com et plus petit que celui de cnn.arabic.com. Au-dessus de cette information défilent « les derniers développements », annoncés par une vignette bleue. Juste à côté, à gauche, le sondage en ligne, nommé « vote » par le site, se rapporte à cette information principale, de même que les forums de discussion en ligne qui apparaissent en dessous du « vote ». La construction de la page adopte une barre verticale de menus et de liens, placée à droite, de la même couleur bleue que le logo placé en haut de la page, à gauche. En dessous du logo, bleu et or, calé à droite par une bannière publicitaire, la recherche dans les archives du site est indiquée par une vignette qui reprend les mêmes couleurs. Elle est surplombée par un lien qui conduit à un site d'enseignement de l'arabe et suivie par des liens vers des dossiers analytiques portant sur des questions d'actualité. En dessous de la bannière publicitaire, en tête de la page d'accueil, l'édition porte deux dates, suivant les calendriers islamique et occidental, ainsi que les heures de La Mecque et GMT.

Cependant, la page d'accueil du site déborde la page d'écran. Lorsqu'on fait défiler cette page vers le bas, on constate que l'information principale est suivie de trois autres informations construites sur le même modèle, titre et chapeau, mais uniquement avec du rédactionnel, sans image. Ces informations sont suivies par des titres seuls, toujours de couleur rouge. Ils sont classés par deux dans des rubriques correspondant à un découpage géographique du monde, qui apparaissent en bleu sur l'écran selon l'ordre suivant : « La patrie arabe », « L'Asie et le Pacifique », « L'Afrique », « L'Europe et Israël », « Les Deux Amériques ». Enfin, la page se termine avec des rubriques thématiques qui correspondent aux domaines d'expérience suivant, toujours selon leur apparition sur l'écran : « Économie et affaires », « Sciences et technologies », « Médecine et santé »,

« Culture et art », « Sport » et « Livres ». La réactualisation porte essentiellement sur les quatre informations principales puis sur les rubriques « géographiques » alors que les rubriques thématiques ont une temporalité plus longue. La photo illustrant l'information principale montre le plus souvent les acteurs de cette information et parfois l'action elle-même, tous les deux attestés et cadrés par cet objet matériel alliant le pouvoir de représentation et d'authentification, destiné à l'imaginaire collectif[13].

Le site opère trois classements dans l'information qu'il organise : par l'événement, par l'espace et le critère de proximité et par les domaines de l'expérience. Informer est une conduite délibérée : promouvoir une occurrence quelconque au rang d'événement dérive des besoins en événements de ceux qui les font[14]. Un média configure les événements en informations en fonction de ses contraintes sociotechniques, de sa politique éditoriale, de son rapport à ses bailleurs de fonds, à ses sources et à ses concurrents et de ce qu'il estime être les attentes de son public. Dans le cas du site en ligne d'Al Jazeera, le processus d'événementialisation donne la préférence aux nouvelles régionales du Moyen Orient et aux nouvelles internationales qui s'y rapportent. Ainsi, dans l'édition du 15 septembre 2003, l'échec des pourparlers de l'OMC au Mexique, qui constituait l'information principale affichée avec photo en tête des pages d'accueils de cnn.arabic.com et BBCARABIC.com, venait en quatrième position, avec titre et chapeau mais sans image, lorsqu'on fait défiler la page d'accueil d'Aljazeera.net vers le bas.

Les titres de cette information sont toutefois assez proches sur les trois sites : « Échec des pourparlers de l'OMC » (cnn.arabic.com), « Échec des pourparlers de Cancun » (BBCARABIC.com), « Échec des pourparlers de l'OMC à Cancun » (Aljazeera.net). Ce dernier consacre son information principale au transfert du pouvoir en Irak avec une photo, au format du portrait américain, de Colin Powell, secrétaire d'État américain, et de Paul Bremer, gouverneur américain de l'Irak à l'époque, ensemble. Sur cette photo, le visage du premier apparaît aux trois quarts, regard sévère, bouche fermée et poing levé, le second apparaît légèrement derrière lui, le regard perdu et la bouche crispée ; aucun des deux ne regarde le photographe. Le titre de l'information est le suivant : « Powell met en garde contre une précipitation dans le transfert du pouvoir aux Irakiens ». Sur le site arabophone de la BBC, cette information est hiérarchisée en deuxième position, après les pourparlers de l'OMC. Elle est illustrée par un portrait photographique de Colin Powell, de taille modérée, où ce dernier apparaît les sourcils levés, le regard direct et la bouche expressive. Elle a pour titre : « Powell inquiet de la persistance de la dégradation de la sécurité en Irak ». Nous retrouvons la même information sur le site de CNN, où elle occupe la troisième position dans un sommaire de titres sans illustrations avec des liens vers la version détaillée et où elle a pour titre : « Powell : Nous ne sommes pas des occupants, nous sommes des libérateurs ».

13. R. Barthes, *La chambre claire*, Paris, Cahiers du cinéma-Gallimard-Seuil, 1980.

14. H. Molotch, M. Lester, « Informer : une conduite délibérée, de l'usage stratégique des événements », *American Sociological Review*, vol. 39, 1974 ; traduit en français in *Réseaux* n° 75, janvier-février 1996, p. 23-41.

La recherche sur la production de sens par les médias a montré une caractéristique commune à l'information et à la carte, qui est l'existence cachée d'une perspective. « L'une et l'autre sont inséparables d'une orientation : un point d'où part la vue et un écran dont la position et la nature conditionnent l'image du monde »[15]. D'emblée, les textes journalistiques sont inscrits dans des modalités matérielles et sociales, et configurent des espaces-temps symboliques fondés sur des représentations, des schémas du réel. Ainsi, le site en ligne d'Al Jazeera structure pour ses destinataires l'espace du monde, le distribuant dans des rubriques dont les intitulés sont ceux d'un Atlas géographique, mais aussi ceux des domaines d'expérience jugés représentatifs des destinataires et dignes de figurer dans le média. « La patrie arabe », première rubrique qui suit les quatre informations développées dans la partie supérieure de la page, constitue pratiquement « le monde objectif »[16] où les journalistes du site découpent les événements qu'ils construisent en informations, notamment l'information principale. Cette « patrie arabe » n'est ni nation, ni région, mais représentation qui tresse en « communauté imaginée » l'ensemble des individus et des sociétés arabes. Même si celles-ci, largement unies par la langue, l'histoire et la religion, sont plus que jamais fragmentées en entités étatiques rarement en accord les unes avec les autres voire parfois franchement hostiles. Le média désigne ainsi son public, qu'il configure, réorganisant en un imaginaire commun des espaces géographiques disjoints, dessinant une carte des proches et des lointains. Quant aux domaines de l'expérience configurés par les rubriques thématiques, ils sont organisés pour correspondre à ce que le site considère comme les grandes catégories de pensée du public auquel il s'adresse. Le site présente ainsi une construction rationalisée et bien visible, considérée notamment en France comme caractéristique des journaux d'opinion s'adressant à un public éclairé et cultivé.

« Ce dont on parle » : une même image mais des sens différents

La page d'accueil du site arabophone de la BBC s'affiche avec le logo de la BBC en haut, à gauche, suivi d'une barre sommaire avec un menu global réduit en anglais, le tout en blanc sur fond gris. Une autre bannière, bleue, est placée juste après. Elle reprend le même logo suivi de ARABIC.com et se termine par la recherche dans les archives en haut, à droite. La date correspond au calendrier occidental et l'actualisation est indiquée en heure GMT. La deuxième barre de menu est locale. Elle se déroule verticalement, à droite, en bleu, et cadre la page. La seule référence géographique est « Moyen Orient », qui vient en tête du menu, juste après le lien vers la « page principale ».

Les rubriques suivantes correspondent à des domaines d'expérience : « sciences et technologie », « économie et affaires », « la presse britannique », « forum de discussion » (alors qu'il s'agit d'un sondage en ligne), « rapports spéciaux » ; ou renvoient aux autres services de la BBC et à ses autres sites. La page d'accueil déborde la taille d'un écran. Le site l'indique d'ailleurs en rouge, en haut à droite, juste à côté de la barre de menu. Lorsqu'on fait défiler la page vers

15. M. Mouillaud, J. F. Tetu, *Le journal quotidien*, Lyon, Presses Universitaires de Lyon, 1989, p. 24.

16. M. Merleau-Ponty, *Phénoménologie de la Perception*, Paris, Gallimard, 1945, p. 470.

le bas, le site annonce « Plus de nouvelles » en noir, entre deux filets horizontaux de la même couleur et reprend le rouge pour les rubriques qui suivent et qui sont déjà indiquées dans le menu local, à savoir « Les nouvelles du Moyen Orient », « Nouvelles mondiales », « Économies et affaires », « Sciences et technologie », « La presse britannique ». Ces rubriques présentent des informations avec titre et chapeau (sur deux lignes). La page d'accueil est organisée en deux parties. La partie centrale est systématiquement répartie entre trois informations principales, avec titre, chapeau et image de format moyen. Deux informations terminent l'écran d'accueil, sans illustration, uniquement avec titre et chapeau. Les sondages en ligne, placés en haut de la page, à gauche, et illustrés, comme les informations qui les suivent, par des images de petit format, calent la partie gauche de la page. Ils sont suivis par des brèves, où est parfois glissé un commentaire analytique. Celles-ci sont illustrées par des photos de format réduit.

Le 23 août 2003, la première des trois informations est titrée : « Des informations sur l'assassinat de trois soldats britanniques à Bassorah ». Nous la retrouvons sur la page d'accueil d'Aljazeera.net dans le défilé des « derniers développements », énoncée comme suit : « Un porte-parole des pouvoirs d'occupation a annoncé que trois soldats britanniques ont été tués dans une attaque, aujourd'hui samedi, à Bassorah, au sud de l'Irak ». Mais elle ne figure pas sur la page d'accueil de cnn.arabic.com.

La deuxième information du site de la BBC concerne le gel des comptes des dirigeants du Hamas avec pour titre « Bush gèle les comptes des leaders du Hamas » et une photo montrant un soldat pointant son fusil-mitrailleur sur deux adolescents : le premier avance mains derrière le dos, épaules voûtées et tête basse, le second, au milieu de l'image, le suit les mains derrière la tête. Cette information est absente de la page d'accueil d'Aljazeera.net, mais figure avec une photo-vignette sur cnn.arabic.com en sous-titre de l'information sur les obsèques d'un leader du Hamas : « Des dizaines de milliers aux obsèques d'Abou Chanab/ Et Georges Bush gèle les fonds de six leaders du Hamas ». La troisième information porte sur un suspect qui préparerait des attentats contre des ambassades occidentales à Bangkok. Elle est accompagnée de la photo portrait d'un homme barbu avec des lunettes et est titrée : « Hanbali a "surveillé des ambassades à Bangkok" ». Cette information ne figure pas sur les deux autres pages d'accueil.

Cette configuration de la page d'accueil de BBCARABIC a été modifiée durant notre période d'étude. La recherche dans les archives remonte tout en haut, à droite, pour terminer le menu global. L'accès aux programmes arabophones de la BBC termine la deuxième bannière. Juste en dessous, les « Dernières nouvelles » défilent en bleu, coiffant la date et l'heure de la dernière mise à jour. La nouvelle maquette n'est pas sans rappeler celle de Aljazeera.net. À savoir une information principale en haut à droite, avec une photo de large dimension, suivie de quatre informations réparties sur deux colonnes sur la largeur de l'information principale, avec titre, chapeau et une image « timbre-poste », et un aplat horizontal bleu pâle pour les dernières. Les rubriques sont maintenues dans leurs intitulés, mais ne présentent plus que les titres, avec un nombre de titres plus important pour « Les nouvelles du Moyen Orient ». À côté du menu local maintenu à droite, un menu interactif intègre les sondages et les discussions en lien avec l'actualité. Il est suivi par un accès aux derniers journaux audiovisuels de la BBC. La nouvelle page d'accueil s'affiche aux trois quarts à l'écran, avec l'information principale et les quatre informations secondaires, ainsi que les intitulés des rubriques « Les nouvelles du Moyen Orient » et « Les nouvelles du monde ». Un menu local horizontal clôture le bas de la page.

Cette convergence vers des formats proches avec des lignes éditoriales caractérisées par des décalages importants entre les trois sites qui ciblent cependant les mêmes audiences est également visible sur la page d'accueil de cnn.arabic.com. Celle-ci s'affiche sur l'écran avec, en haut, à gauche, le logo de CNN en rouge et en caractères latins suivi d'« en arabe » en caractères arabes et noirs. La recherche occupe le haut de la page construite avec une barre de menus verticale, à droite. Deux menus y sont présentés en bleu : le premier, local, concerne uniquement le site et commence avec « la page d'accueil », en caractères blancs sur fond rouge, suivie des rubriques du site, toujours en caractères blancs mais sur fond bleu, à savoir : « Le Moyen Orient », « Le monde », « Économie », « Variétés », « Sport », « La météo » et « Dossiers spéciaux ». Le second menu est global et est organisé en trois parties visualisées par des bandeaux gris proposant d'abord des liens « Services », avec une présentation de l'éditeur et des conditions de la publicité sur le site ainsi que la création de pages personnelles. Ensuite, des liens « CNN télévision », avec la recherche énoncée en injonction : « Questionne CNN », « Comment regarder CNN à l'écran » pour accéder aux programmes télévisuels de la chaîne, et enfin « Business international ». La troisième et dernière partie de ce menu permet d'accéder aux autres sites de CNN, « Nos autres sites » avec un choix de langues entre l'espagnol, l'allemand, l'italien et le coréen, à « CNN US » ainsi qu'à l'édition internationale de CNN, « CNN international edition ». La page est construite en deux parties verticales, avec en haut à droite, à côté du menu, l'information principale construite avec grande photo, titre et chapeau. La police de caractère des chapeaux a un corps plus grand que celui des deux autres sites : il correspond au corps des titres pour le site d'Al Jazeera et il est plus gros que le corps des titres du site de la BBC.

L'information principale est souvent suivie de deux ou trois titres d'informations qui donnent des détails complémentaires. Les rubriques « Économie » et « Sciences et technologie » viennent ensuite avec deux titres tout au plus pour chaque rubrique.

En haut à droite, un dossier spécial à temporalité plus longue est annoncé avec un titre rouge et une photo vignette. Tout le long de période étudiée, ce dossier portait sur « Le nouvel Irak… et la reconstruction ». Il est suivi par d'« Autres nouvelles » avec titres seuls, puis par les indices boursiers des principales bourses mondiales. En dessous, une information secondaire avec photo vignette, titre et sous titre coiffe une proposition de service gratuite, suivie par les rubriques « Moyen Orient » et « Sport », toujours avec deux titres tout au plus. La page d'accueil s'affiche aux trois-quarts sur l'écran.

Montrer est le premier niveau de l'information, nommer est le suivant. L'un et l'autre de ces processus de sémiotisation du monde ne produisent pas une information identique d'un site à l'autre, bien au contraire, ce qui ne va pas dans la logique de reprise en boucle de l'information, observée dans le champ des médias traditionnels. Ainsi, le 21 août 2003, l'assassinat par Israël d'un leader du Hamas et les menaces de vengeance annoncée par le mouvement palestinien font l'information principale de la page d'accueil du site de CNN et d'Al Jazeera. Toutefois, la photo publiée sur le premier site montre une pléthore de figurants indistincts et gesticulants, avec un morceau du pare-chocs de la voiture qu'on devine sans le voir dans le hors-image, sur la gauche. Une image qui aurait pu illustrer n'importe quel autre attentat, ou n'importe quelle autre explosion, partout dans le monde.

Aljazeera.net publie une photo en grand-angle de la voiture en feu avec, en médaillon la photo en plan rapproché du leader assassiné qui porte barbe et moustache, sourit largement avec un regard au loin, complice et inspiré. Autant de textes à lire : la barbe peut signifier un laisser-aller, une personne appartenant à un mouvement islamiste, lequel peut exprimer quelque chose de positif ou de négatif ; de même, le regard peut renvoyer à l'inspiration, l'illumination ou la folie et le sourire à la joie, la sérénité, l'inconscience, le cynisme, etc. L'anthropologue américain Clifford Geertz indiquait déjà qu'un battement de paupière pouvait être institué en tant que clin d'œil, en tant que tic, et en tant que tic vrai ou tic simulé, en fonction de la culture qui l'inscrit dans une épaisseur et lui donne sens.

L'image du leader du Hamas telle qu'elle apparaît sur le site d'Al Jazeera est censée instaurer une opposition avec celle de la voiture en flammes, mais elle peut s'inscrire en complémentarité dans un contexte culturel et des intentions éditoriales différentes. Le site titre l'information comme suit : « Hamas menace de venger l'assassinat de Abou Chanab », alors que le titre de CNN porte moins sur les actions annoncées que sur les acteurs et l'annonce elle-même : « Hamas et les Brigades d'Al Aqsa annoncent la fin de la trêve ». Dans le chapeau qui suit le titre, CNN, dès la première phrase, attribue l'annonce de la fin de la trêve au mouvement Hamas et aux Brigades des Martyrs d'Al Aqsa. Alors que le site d'Al Jazeera ne mentionne, dans la première phrase, que le « Mouvement de résistance islamique Hamas » qui « a annoncé qu'il allait répondre avec force à l'assassinat d'Ismaël Abou Chanab ». Il termine le chapeau en citant également le Mouvement, qui a qualifié l'assassinat de « meurtre odieux ». De son côté, cnn.arabic.com termine son chapeau en citant le secrétaire d'État américain Colin Powell qui a « mis en garde, à New York, contre l'évocation d'une fin de la "feuille de route" ».

Comme nous pouvons le constater, les constructions de l'information par les trois sites présentent des décalages importants, même lorsqu'elles se recoupent au niveau de « ce dont il faut parler »[17], tout en s'adressant aux mêmes audiences. Cependant, la reprise en écho de ces sites porte sur les formats qui sont relativement proches sans qu'il s'agisse d'une simple question de dispositif technique. Ainsi, à la mi-septembre 2004, Aljazeera.net, inaugurait une nouvelle maquette

17. P. Charaudeau, *Le discours d'information médiatique. La construction du miroir social*, Paris, INA-Nathan, 1997, p. 129.

qui le rapprochait encore de BBCARABIC.com, dans une convergence des formats, mais pas des lignes éditoriales.

Le prisme complexe des médias contemporains

L'analyse des pages d'accueil des sites arabophones d'information en ligne de CNN, d'Al Jazeera et de la BBC montre que le réel invoqué par les sites renvoie à des champs déterminés. La sélection et le traitement opérés au sein de ces champs traduisent des constructions différentes de l'information. Elle fait également apparaître que les mondes que construit l'information, tout comme les récits possibles de l'histoire, sont tributaires du contexte culturel, politique et économique dans lequel ils sont opérés, tout autant que du média qui les diffuse et du public qui les reçoit : autant d'aspirations collectives qui transitent par le prisme complexe des médias modernes[18]. Ces mondes rendus possibles par ces espaces-temps symboliques que sont les trois sites en ligne combinent trois enjeux : la construction d'imaginaires collectifs, la maîtrise de l'opinion dans la bataille identitaire et sécuritaire en temps de guerre, l'extension du marché de l'information et des industries culturelles transnationales à l'échelle de la planète. Des enjeux qui nécessitent tant une visibilité planétaire qu'une crédibilité indispensable pour rendre compte d'un monde unipolaire et global certes, mais turbulent et multicentrique.

GLORIA AWAD

La mise en image de l'assassinat d'un leader du Hamas par les sites de CNN et d'Al Jazeera.

18. A. Appadurai, *op. cit.*, p. 67-68.

Les trois écrans de l'ancienne page d'accueil du site d'Al Jazeera.

L'écran d'accueil du site arabophone de la BBC. L'assassinat de trois soldats britanniques à Bassorah constitue la première information. Le gel des comptes des dirigeants du Hamas la deuxième, illustrée par un soldat pointant son fusil mitrailleur sur deux adolescents.

La nouvelle maquette du site arabophone de la BBC, proche de celles d'Al Jazeera et de CNN.

La page d'accueil du site arabophone de CNN.

La nouvelle maquette du site d'Al Jazeera, convergence avec les formats de la BBC et de CNN.

Publier la parole pour refonder le politique ?

Analyse d'un dispositif d'*open-publishing*

SAMIRA OUARDI

« En fait, la prise de parole, invention commune, ne pouvait que créer des différences. Et il fallait reconnaître celles-ci pour analyser la nature de celle-là. »

Michel de Certeau [1]

« Le texte n'est jamais un dialogue. »

Roland Barthes [2]

L'*open-publishing* prétend proposer un espace collectif dont l'absence de gestion éditoriale garantirait l'égalité démocratique des discours. Samira Ouardi montre que le dispositif de publication, si dépouillé de contrôle explicite et si attaché à l'alignement des discours soit-il, produit une énonciation éditoriale qui n'est pas dissociable d'une forme de pouvoir sémiotique, même quand l'ordre est un fatras. Elle analyse également comment cette neutralité affectée produit des distorsions menaçantes pour la finalité de l'action, au point que des censures *a minima* rétablissent une discipline explicite des discours. L'expérience montre un système en travail, que sa capacité réflexive inscrit dans la textualité et l'énonciation, même à son insu.

LE POUVOIR, UN « RÉGULATEUR INFORMATIONNEL »

Parmi les travaux contemporains qui abordent la question de la critique de l'espace public démocratique et les métamorphoses contemporaines des pratiques politiques, une série d'analyses a établi qu'à chaque apparition d'un nouveau dispositif technique de communication (télégraphe, TSF, radio, télévision...) correspond un renouvellement des espoirs en une « re-vivification » ou une « intensification » des pratiques démocratiques régulièrement réputées en faillite [3]. Ces analyses éclairent, sans toujours le nommer explicitement, l'un des traits structurants des débats qui entourent la question démocratique depuis le début du 19e siècle : l'organisation de la critique du pouvoir non pas seulement autour des notions de représentation (toujours « trahie »), de peuple (ce fameux « introuvable » de Pierre Rosanvallon), du

1. Michel de Certeau, *La prise de parole*, Paris, Seuil, « Points », 1994.

2. Roland Barthes, *Le plaisir du texte*, Paris, Seuil, 1973.

3. Sur ces questions, la littérature étant abondante, nous renverrons principalement au numéro spécial de la revue *Hermès*, « www.démocratielocale.fr », n° 26-27, CNRS éditions, août 2000.

couple « majorité/minorité », mais également autour d'une conception du pouvoir comme « régulateur informationnel »[4] : le pouvoir est à celui qui détient et fait circuler, ou non, la fameuse *information*, dont on ne sait jamais vraiment ce qu'elle désigne précisément, concept dont les référents sont si opaques qu'il devient quasi magique.

Une telle conception du pouvoir (et une telle « évidence » de l'information) a pour conséquence de donner aux « technologies de communication », un rôle central dans la définition du type politique d'une société. C'est bien le mot « technologie » et non « technique » qui est ici utilisé pour signifier l'importance et la prégnance en la matière de l'imaginaire et de l'idéologie technicistes et scientistes. C'est ainsi que nombre des critiques de la démocratie en général et du gouvernement représentatif en particulier s'organisent autour d'une critique des systèmes d'information et de leurs caractéristiques techniques et économiques et trouvent, dans des systèmes d'information alternatifs, la solution aux dysfonctionnements du système critiqué. Internet est exemplaire à cet égard ; avant même l'extension de l'accès au réseau, dans l'histoire de la constitution du protocole *http*, on ne comptait déjà plus les promesses de « démocratisation de la démocratie » par le truchement d'un « élargissement du débat et de l'accès au débat »[5]. Parmi toutes les déclarations allant dans ce sens, l'une des plus célèbres et frappantes est sans doute celle du vice président Alc Gore en 1994, qui promettait, en pleine campagne présidentielle, lors d'un meeting du parti démocrate, qu'il ferait d'Internet un « service universel », afin de permettre « une sorte de conversation globale, dans laquelle chaque personne qui le souhaite pourra dire son mot. L'infrastructure globale de communication ne sera pas seulement une métaphore de la démocratie en fonctionnement, elle encouragera réellement le fonctionnement de la démocratie en rehaussant la participation des citoyens à la prise de décision. [...] J'y vois un nouvel âge athénien de la démocratie. »

On reconnaît ici nombre des caractéristiques de cet imaginaire d'Internet analysé par Patrice Flichy[6] fait d'horizontalité – on passerait d'un modèle de communication *un vers tous* à un modèle de communication *tous vers tous* –, d'accessibilité, d'égalité et d'ouverture (avec notamment une grande prégnance de la valeur de la transparence). Cet imaginaire communicationnel constitue Internet comme l'espace idéal d'inscription *explicite* d'idéaux politiques au rang desquels la démocratie directe n'est pas des moindres. Cette dernière, qui avait refleuri avec éclat au cours des années 1960, s'est trouvée remotivée puissamment dans les discours politiques, notamment en France durant les années 1990, à la faveur de la figure nouvelle de « la démocratie électronique » ou « e-démocratie ».

Mais d'autres idéaux, nourris aux mêmes mamelles bien qu'alternatifs, ont trouvé dans les médias informatisés l'espace idéologique et donc, affirment-ils, pratique, adéquat pour actualiser leurs utopies délibératives et égalitaires. C'est le cas, entre autres, des expériences d'*open-publishing*. Ses militants ont trouvé dans

4. Erik Neveu, *Une société de communication ?*, Paris, Monchrestien, 1994.

5. Les guillemets indiquent qu'il s'agit d'énoncés issus de discours d'acteurs, recueillis dans le cadre de l'enquête de terrain associée à la préparation de ma thèse.

6. Flichy Patrice, *L'imaginaire d'internet*, Paris, La découverte, 2001.

le web l'occasion d'opérer une « critique pratique » de l'espace public, des formats de la prise de parole, de la délibération et de la prise de décision qu'il propose. L'*open-publishing* présente plusieurs intérêts pour l'analyste de la médiation politique ; il articule explicitement l'analyse des enjeux et des usages politiques et sociaux des médias, et par là même, du politique, plus largement. Il propose une axiologie politique plus ou moins située qui vient rencontrer un imaginaire du média internet pour se concrétiser en des pratiques et des productions originales. Il donne matière à l'observation dynamique des pensés et des impensés du média, de leur circulation et de leur fonctionnement. Il conduit également vers les effets et les attendus des médiations qui s'y construisent, des relations de pouvoir qui y sont constituées, stratégiquement, et s'y constituent, structurellement. Nous faisons le postulat qu'une telle observation ouvre des possibilités heuristiques pour penser le pouvoir en animant les catégories traditionnellement mobilisées par les sciences sociales, l'individu et le corps social par exemple. Car elle montre des groupes s'attelant à organiser des dispositifs textuels, qui, en eux-mêmes, sont des agencements, pensés comme tels, censés préparer ou empêcher certains discours ou certaines façons de prendre la parole, au sens de construire une place de discours. La même observation permet d'interroger finement la notion d'« espace public », ici incarné par un espace éditorial, et donc celle également de prise de parole, en tout cas de « prise de discours ». L'analyse de la distribution des marques de pouvoir lié au discours est rattachée dans ces dispositifs à l'éditorialité. L'éditorialité est dans ce cadre, la conséquence, partiellement involontaire, d'une orientation finalisée de la publication. Celle-ci, véritable praxis politique étayée sur une praxis communicationnelle, se réclame d'une théorie et d'une pratique dont les lignes de force se dessinent désormais historiquement.

L'*OPEN-PUBLISHING*, UNE PRAXIS POLITICO-COMMUNICATIONNELLE

Né à la fin des années 1980, au sein de petits groupes de hackers militants américains et australiens[7], l'*open-publishing*, comme pratique et théorie, a gagné en notoriété lors de la création, à Seattle, en novembre 1999, du collectif Indymedia, contraction de l'expression « independant media ». Cette double filiation hacker et contestataire, techniciste et libertaire, est importante dans l'interprétation que l'on peut faire notamment des complexités et des contradictions inhérentes aux discours programmatiques comme aux productions et pratiques de ces collectifs. Ainsi que le suggère le nom de ce réseau, l'enjeu était de proposer un espace d'information alternatif aux médias dominants pour rendre compte du contenu des luttes alors en préparation[8]. Cette proposition s'inscrit dans une critique politique plus large de la démocratie, analysée à partir d'une conception

7. Notamment par les membres de journaux en ligne tels *Paper tiger.*

8. Ainsi qu'on peut le lire sur leur page de présentation : « Indymedia, c'est quoi ? Indymedia est un réseau mondial dédié à la contre-information, proposant une alternative radicale aux médias institutionnels et commerciaux, par le biais de sites web, de radios internet et autres outils de communication électroniques, de façon complètement décentralisée. Il est né des manifestations contre l'Organisation Mondiale du Commerce à Seattle, en novembre 1999, et n'a cessé de croître depuis. »

communicationnelle du pouvoir. Celui-ci est référé aux moyens de régulation de l'information. Une telle conception est le fruit d'une dénonciation d'inspiration essentiellement libertaire [9] dont les références axiologiques restent floues. Des dysfonctionnements de l'espace public traditionnel expliquent qu'il soit fermé, bâillonné, maîtrisé par quelques puissantes mains. Le dysfonctionnement est également économique. Il empêche un « réel fonctionnement démocratique de la démocratie », démocratie à laquelle d'ailleurs de nombreux membres n'adhèrent ni ne croient [10]. D'où cette proposition d'« ouvrir » l'espace public à tous. On appréciera ici dans toute sa profondeur la valeur du préfixe « open » dans le syntagme « open-publishing ». Il mobilise plusieurs des référents utopiques mentionnés plus haut mais fait également référence à l'idéologie du « libre », du « gratuit », qui témoigne de la filiation libertaire de ce projet. Voici comment les instigateurs du site définissent leur projet :

> Par la pratique de l'*open-publishing*, Indymedia court-circuite les mécanismes traditionnels de la production médiatique, qui divise les gens en journalistes actifs et consommateurs passifs. Sur les sites Indymedia, quiconque peut publier, compléter, commenter une information instantanément.

On voit que la proposition est politique à divers titres : non seulement il s'agit de la création de médias dissidents, « libres », mais par ailleurs ces médias fonctionnent sur un mode non traditionnel, non fondé sur la représentation notamment et déconnecté des circuits commerciaux habituels, car, pour reprendre les termes mêmes de la charte d'Indymedia :

> [Le but est de] ne pas reproduire dans le fonctionnement du site l'organisation hiérarchisée des médias commerciaux, ni l'organisation pyramidale des groupes politiques. Comment critiquer un système, une économie, si l'on en reproduit le fonctionnement ?

On est bien ici en présence d'une convergence entre des idéaux politiques, une axiologie et un imaginaire technico-médiatique. L'*open-publishing* est une proposition communicationnelle de nature politique – la prise de parole sans censure pour tous – et, plus fondamentalement encore, une proposition politique de nature communicationnelle, bouleverser les règles du pouvoir par la médiation informatique. Voilà pour ce qui est des discours programmatiques et des imaginaires. Mais qu'arrive-t-il lorsque « donner à dire » devient, concrètement, « donner à lire » et « donner à écrire » ? Il y a en effet dans cette proposition une interpolation frappante entre ordre de l'oral et de l'écrit, issue d'un rapprochement entre processus de production et processus de réception. Cette proximité, qui n'est jamais interrogée, éclaire les processus de pouvoir mis en branle. Cette équivalence est le point structurant de toute la proposition de l'*open-publishing*, proposition complexe et dans les détails de laquelle je me propose d'entrer. Elle

9. Pour des détails sur la tradition libertaire qui anime ce réseau voir : J. D. Downong, « The seattle IMC and the Socialist Anarchists tradition », *in* M. Raboy, dir., *Global, media Policy in the new millenium*, Luton, Luton University Presse, 2001.

10. D'après les entretiens effectués auprès de membres des collectifs français.

introduit l'examen d'une certaine discipline des discours, qu'organise la médiation informatique, produisant ainsi une médiation politique.

DÉLIBÉRATION PROCÉDURALE ET RÈGLES ÉDITORIALES

Comment s'articulent le donner à écrire et le donner à lire ? À quoi cette articulation fait-elle concrètement référence ? Entrons dans le palimpseste des pratiques de l'*open-publishing* en prenant comme terrain le site Indymedia Paris et le collectif qui l'anime [11].

Première offre : la proposition éditoriale, l'« open-publishing », ou « publication libre » offre à tout « lecteur » de devenir « auteur » [12]. Chacun peut ainsi participer à la constitution et à la diffusion de l'information, c'est la fondation d'un « donner à écrire, lire, publier ». En référence au raisonnement politique exposé précédemment, on comprend aisément qu'il s'agit aussi d'une décision de procédure. L'enjeu est d'offrir à tout citoyen l'opportunité de s'exprimer et de participer au débat public « sans censure ». La proposition éditoriale de l'*open-publishing* est donc, apparemment, une proposition procédurale au sens où l'entendent les théoriciens de l'espace public. Celle-ci ouvre plusieurs interrogations sur la nature même de l'objet éditorial alors produit. Interrogation confusément perçue par les animateurs du site eux-mêmes : *poster* une « information » (écrire/lire), c'est participer à une délibération (prendre la parole). « On ne sait pas très bien ce qu'on est : est-ce qu'on est un site d'information alternative ou bien est-ce qu'on est un forum de discussion ? C'est là toute la question [13] ».

Question d'autant plus vive que la proposition procédurale est elle-même composite : non seulement la gestion du site est ouverte à quiconque souhaite y participer, mais la mise en ligne des textes est potentiellement soumise à la discussion par un système de commentaires. En outre, annexée au site d'information « Indymedia » (http://paris.indymedia.org), une plateforme collaborative sous logiciel wiki, *l'indymedia documentation project* [14], propose des textes programmatiques, des documents très divers : des textes en cours mais également des statistiques de fréquentation du site, des ordres du jour et des comptes-rendus des réunions du collectif ainsi que des espaces organisationnels [15]. Enfin, à ces deux dispositifs principaux s'ajoute de fait une pratique de la délibération en et hors ligne : des réunions du collectif animateur sont organisées régulièrement et annoncées sur la plateforme collaborative. Chaque

11. Le terrain est d'autant plus intéressant qu'Indymedia est aujourd'hui constitué de plus de 150 collectifs à travers le monde, organisés en réseau, qui partagent ces conceptions et ces pratiques. Ce qui permettra au terme de l'étude engagée ici de faire des comparaisons transnationales particulièrement riches.

12. Nous ne commenterons pas ici tous les termes mis entre guillemets qui proviennent des discours programmatiques du site mais ils sont, on le voit, eux-mêmes caractéristiques de cette transfiguration du projet politique de prise de parole et de son inscription dans une médiation scripturale.

13. Propos tirés d'un entretien avec l'un des animateurs du site parisien, octobre 2004.

14. On note ici encore cette circulation entre oral et écrit fort intéressante : la plateforme collaborative de délibération est qualifiée de « documentaire ». On a ici l'un des symptômes les plus forts de la conception de l'information mobilisée par la pratique de l'*open-publishing*.

15. Par exemple on trouvera des interfaces destinées à l'organisation collective d'un événement : calendrier, budget, sont constitués et modifiables en ligne.

contribution ajoutée au site peut être discutée sur le site et des listes de diffusion permettent à ceux qui le souhaitent d'intervenir d'une troisième manière sur la gestion du site. Les discussions tenues au sein de ces diverses médiations concernent généralement la nature des textes mis en ligne mais également les formats de l'organisation et de son action au sens large. Dernier point, et non des moindres, au sein de ces diverses formes de ce qu'il convient de nommer des « délibérations », la prise de décision se fait selon la procédure du consensus et non du vote [16].

On voit comment ce continuum de pratiques est animé par la volonté de contourner les structures pyramidales, la « dictature de la majorité » qu'imposent les structures traditionnelles du pouvoir. Indymedia participe de cet « impératif délibératif » dont parlent Loïc Blondiaux et Yves Sintomer [17]. L'espace collectif ainsi créé rapproche délibération et participation ; si des dernières ne se confondent pas totalement, elles se superposent fortement. La légitimité de la décision est déplacée de la volonté générale vers la délibération générale, selon le modèle de la démocratie délibérative présenté par Bernard Manin dans son article de 1985 [18]. Dans ses fondements théoriques ce modèle emprunte davantage à Bakounine qu'à Rousseau, à Stirner qu'à Habermas [19]. Les deux vertus cardinales de cet impératif, celles qui ont présidé à la constitution des diverses pratiques, règles et gestes sont la transparence et l'horizontalité que chaque pratique de l'*open-publishing* est là pour exhiber et incarner. Ce dont témoigne en partie d'ailleurs la charte d'Indymedia :

> Organisation : en pratiquant la transparence radicale, Indymedia rompt avec le fonctionnement opaque et les enjeux de pouvoir propres aux médias officiels. Toutes les décisions sont prises de manière horizontale par le biais de listes de discussion publiques, et le réseau se fonde sur le bénévolat, hors de toute structure politique ou commerciale. (Extrait de la charte de fonctionnement, rubrique « alternatifs comment ? »)

Le tableau ci-dessous représente le rapprochement, jusqu'à la superposition, des phases ordinairement distinctes de documentation, diffusion et délibération.

16. James Fishkin définit le consensus de la manière suivante : « a situation of free and equal discussion, unlimited in its duration, constrained only by the consensus which would be arrived at by "the force of the better argument" », James Fishkin, *Democracy and deliberation*, New Haven London, Yale university Press, 1991. Il s'agit donc d'une situation de prise de décision par la délibération dans laquelle, non seulement tout le monde est à égalité mais plus encore la légitimité se construit dans un horizon temporel non limité.

17. Loïc Blondiaux, Yves Sintomer, « L'impératif délibératif », *Politix*, vol. 15, n° 57, 2002.

18. Bernard Manin, « Volonté générale ou délibération ? Esquisse d'une théorie de la délibération politique », *Le débat*, n° 33, 1985.

19. Jürgen Habermas, *Droit et Démocratie*, Paris, Gallimard, 1997.

Tableau du continuum de pratiques

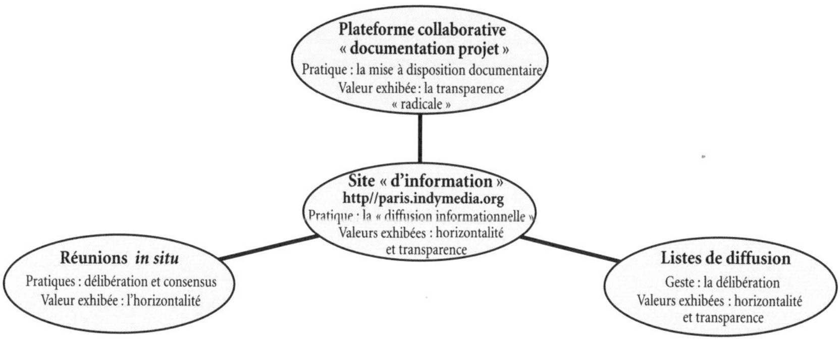

Le composite de pratiques de l'*open-publishing* d'Indymedia Paris. Dispositifs, pratiques, valeurs.

Note : À chaque pan de pratiques nous avons associé en particulier une des valeurs, celle qui est plus particulièrement mobilisée par telle ou telle pratique mais rien n'est si mécanique, bien entendu, partout la transparence est exhibée, tout tend à l'horizontalité.

De fait, une multitude de « règles éditoriales » organise le site : une riche mise à disposition documentaire coexiste avec la possibilité de maintenir l'anonymat. Cela traduit un principe de non censure. L'existence de ces règles, le projet même de l'*open-publishing*, témoignent d'une conscience partielle chez ses militants de ce que Foucault nommait « la discipline des discours ». On pourrait définir l'*open-publishing* comme une tentative alternative de régulation de ces derniers, sous la forme de sa dérégulation.

Cette conscience provient d'une analyse essentiellement économique des dynamiques de la prise de parole dans l'espace public. Elle estime que le caractère aliénant du média serait définitivement neutralisé par son extraction hors des circuits économiques traditionnels. En bouleversant le circuit de l'économie de l'imprimé, on transforme la mesure de la légitimité des auteurs. On substitue à l'économie du capital l'économie du don, on substitue à l'auteur institué ou aux documents validés l'impulsion des individus. Cette conscience des disciplines par l'indiscipline procède donc, en même temps, d'une méconnaissance (méconnaissance dont la source peut être un parti pris idéologique) de l'énonciation, discursive et textuelle, et donc de la force politique interne aux diverses *formes* de médiation.

Les militants de l'*open-publishing* sont, à cet égard, victimes de la métaphore de la « prise de parole » qui intoxique l'expression d'« espace public ». La lexicalisation de la métaphore d'une part et la fortune de l'expression d'autre part, ont pour effet de lisser la diversité des actes politiques que traduisent les médiations techniques, textuelles, économiques rassemblées dans le dispositif éditorial. Ainsi l'idéologie diffusionniste mobilisée par l'*open-publishing* oublie-t-elle de reconnaître la nature scripturale et textuelle du dispositif qu'elle mobilise : ceci, non seulement au nom d'une conception informatique de l'information et d'une idée technicienne du média, mais également sous l'effet d'un fantasme spatialiste et verbal de l'acte politique. C'est ce que montre l'analyse de l'écart entre ce que les acteurs de l'*open-publishing* entendent faire politiquement grâce au web et ce que leurs règles éditoriales, pourtant si stratégiquement définies, finissent par produire.

Cela ne disqualifie pas ces expériences et ne les réduit pas à des tentatives rhétoriques. Car le dispositif est en travail et fait preuve d'une étonnante capacité de métadiscours, portée par une production de commentaire qui montre sa perméabilité à l'action du discours. Les praticiens de l'*open-publishing* font preuve d'une réflexivité frappante, qui à la fois émancipe et lie. Leur posture évoque Michel de Certeau, qui, analysant l'expérience étudiante de mai 68, notait :

> Innover, c'est d'abord se trahir. On l'a vu en ce mois de mai [...] dans le recul qui, en dépit d'elle-même, a progressivement ramené une expérience fondamentale dans un ghetto (la Sorbonne par exemple) où elle s'est enfermée et où elle disposait seulement, pour se dire, de notions arrachées à la culture et aux sciences qu'elles refusaient[20].

Le fonctionnement implicite du média informatique dépasse son fonctionnement d'évidence et appelle une observation très patiente et modeste. Le média est tant investi et pensé par ses praticiens qu'il déborde d'impensés, que l'analyse traque sans possibilité de critique surplombante.

L'*OPEN-PUBLISHING* ET L'ÉNONCIATION ÉDITORIALE

Pour structurels, implicites, invisibles qu'ils soient, ces impensés ne s'en imposent pas moins. L'histoire des pratiques du collectif parisien Indymedia est l'histoire d'une résistance à ces règles implicites du dispositif, résistance qui se heurte sans cesse à son fonctionnement énonciatif pourtant défini par le collectif lui-même.

Cette tension résulte en grande partie du fait qu'il y a, au cœur de l'*open-publishing*, une éthique de la neutralité, sœur intime de l'impératif de transparence, laquelle est dictée par l'impératif de « l'open », de « l'ouverture », de l'*öffentlichkeit*, a-t-on presque envie de dire. Cette éthique s'inscrit dans le dispositif à travers une esthétique de la neutralité. L'écriture exhibe un parti pris de neutralité. Ainsi, si l'organisation architecturale du site, marquée par le recours au cadre, est une tentative de contenir le fatras sémiotique accueilli par le site, cette organisation se fait à travers des procédés qui clament leur neutralité. D'où la prolifération de genres taxinomiques tels que les cadres, les listes et les tableaux destinés à organiser le « trésor informationnel » sans y trop intervenir. Voici à quoi ressemble, par exemple, une page du site parisien :

20. Michel de Certeau, *op. cit.*

Ainsi qu'on peut le voir, le principal opérateur de classement des textes postés sur le site (les acteurs, eux, parleraient « d'information ») est la chronologie : la colonne de droite se présente sous la forme d'un fil d'actualité, à la manière des dépêches d'agences de presse. Une culture journalistique vernaculaire est transférée dans l'*open-publishing*. Aucune différence de statut, d'origine, de régime, de point de vue, n'est jamais notée entre les textes qui se retrouvent proposés à la lecture. Ce brouillage énonciatif générique se double d'un brouillage énonciatif auctorial, effet de la possibilité de l'anonymat. Brouillages qui ne sont pas sans conséquences.

De manière cohérente, cette esthétique/éthique de la neutralité affleure dans la manière qu'ont les militants de qualifier leur propre pratique : les animateurs du site[21] refusent le terme d'« éditeurs », trop connoté économiquement, lui préférant longtemps celui, évocateur dans son ambiguïté référentielle, de « modérateurs » puis, dernièrement celui de « classeur ». Ce dernier qualificatif, sans doute plus juste pour ce qui concerne la description de leur pratique concrète, résulte d'une tentative toujours plus affirmée de neutraliser leur rôle dans la gestion éditoriale des productions présentes sur le site. Le « modérateur » était encore susceptible de juger, le « classeur » lui ferait simplement œuvre de taxinomie… Voilà réaffirmée, encore une fois, leur conception *a minima* de la médiation informatique, comme si Internet était réduit à une surface sur laquelle s'affichent des « informations », toutes équivalentes parce que mises en équivalence, notamment par leur indexation à des processus de taxinomie, dont on

21. Le collectif de gestion du site est constitué de bénévoles qui animent le quotidien du site : modération des articles, mise en page des interfaces, modification de l'interface, etc.

imagine qu'ils sont le niveau minimum de l'intervention éditoriale. Mais il s'agit d'un geste sémiotique qui porte sur l'organisation de l'image ; ses effets sémantiques affectent la circulation des significations.

Car le « classeur » n'est pas loin de l'« editor » anglo-saxon qui sélectionne, hiérarchise, voire parfois corrige. Malgré leur éthique affirmée de la neutralité, les « classeurs », anciens « modérateurs », ont été mis à plusieurs reprises devant la nécessité de renoncer à cette dernière ou plutôt de l'assouplir. En effet, l'écriture qui non seulement exhibe mais plus fondamentalement *désire* sa neutralité n'est pour autant pas neutre : il n'est pas neutre, par exemple, d'établir une équivalence entre tous les types de textes. Car ce sont bien des textes, c'est-à-dire des prises de discours *situées et inscrites*. La volonté de les soumettre à une *réduction informationnelle* ne suffit pas à les vider de leur performativité politique, laquelle est dévoilée par leur nature scripturale et la transcende en partie. C'est ainsi que l'on peut comprendre certaines des difficultés posées par les règles procédurales définies sur le site.

Les conséquences des règles de mise en équivalence par la non censure, notamment, sont exemplaires de cette problématique. Cette pratique a posé de telles difficultés qu'elle a fait imploser le collectif français Indymedia des origines (1999-2001) et qu'elle a poussé les militants qui ont recréé le collectif parisien en 2002 à instituer la pratique « de la modération », censure *a minima*. En effet, cette règle a eu des conséquences que nous pourrions nommer « distorsion du sens de l'action ». Car si elle trouve ses racines dans le projet politique de soutenir le mouvement alter-mondialiste et plus largement les mouvements sociaux, elle offre par son principe la possibilité de le disqualifier. Cette difficulté n'a pas manqué d'apparaître rapidement aux praticiens de l'*open-publishing*. Si certains d'entre eux ont décidé d'en faire abstraction, d'autres ont fait le choix d'un ajustement des règles éditoriales. L'enjeu est de tenter de contourner la distorsion qui menace le sens de l'action.

À plusieurs reprises le site a été le support de textes racistes, réactionnaires, antisémites. Face à cette situation, compliquée par la possibilité offerte aux internautes de s'anonymiser, le collectif a été contraint de rédiger une charte éthique qui précise une ligne éditoriale politique. Il a institué un système de modération, ce qui entrait en contradiction avec une des règles essentielles de la procédure d'*open-publishing*. Originellement en effet, les contributions postées sur le site avaient deux statuts. C'est d'ailleurs toujours le cas sur les sites anglo-saxons : les sites sont soit « déjà vus par le collectif », soit « pas encore vus par le collectif ». Après ces mésaventures, le site Indymedia Paris a institué un système de pastille qui assure le lecteur, l'internaute, que l'article qu'il est en train de lire a été validé par le collectif, qu'il correspond à la charte Indymedia, si ce n'est pas le cas, une troisième pastille indique que l'article n'a pas été validé. Il disparaît de l'interface d'accueil du site et tombe dans une rubrique « article caché » ; cela signifie qu'il est toujours accessible mais pour un temps limité et accompagné d'un argumentaire sur sa non validation. Il n'ouvre plus de possibilité de commentaires.

On perçoit ici comment en examinant la nature précise des pratiques de médiation proposées par un collectif politique, on peut entrer plus finement dans les enjeux de théories, en l'occurrence celle de la délibération d'une part, et celle de la critique anarchiste de la représentation d'autre part. Car il y a un paradoxe singulier à tenter de contenir le caractère politique d'un dispositif qui s'inscrit dans un projet politique. Tout comme il y a un paradoxe à plaider pour l'expression individuelle d'une part, la parole à chacun, au nom d'une reconnaissance de tradition libertaire des minorités, et d'autre part à produire un *alignement des subjectivités* par un fatras discursif. Le refus résolu de la *situation* du pouvoir n'efface pas le pouvoir, l'affirmation de l'individu n'efface pas le sujet. L'individu reste investi de la responsabilité politique du choix. C'est tout l'intérêt pratique et intellectuel de cette expérience qu'est l'*open-publishing* : elle combine politique et *real-politik*. En soumettant sa praxis aux ajustements d'une énonciation éditoriale qui jongle entre discipline et désordre, elle persiste à chercher à sa source une expression qui reste assimilée à la promesse de démocratie.

SAMIRA OUARDI

La mémoire courte de l'Internet

Analyse sémiodiscursive du déni de la Shoah

MICHAEL RINN

L'analyse du fonctionnement sémiodiscursif des sites négationnistes, menée ici par Michael Rinn, montre comment l'Internet contribue à la déstabilisation des modes d'acquisition et de validation du savoir institutionnel. Se substituant aux médiateurs traditionnels de la mémoire historique au sein d'une réalité sociale fragmentée, les négationnistes empruntent à des stratégies argumentatives floues, de cloisonnement. L'étude linguistique de plusieurs sites permet de distinguer trois types de stratégies : le brouillage référentiel, la polyphonie informationnelle et la délectation ludique. Proposant le concept de rééquilibrage permanent des circuits cybernétiques conceptuels et perceptuels, l'article montre ainsi comment, dans une situation de manipulation extrême de l'opinion, le travail persuasif des négationnistes sur Internet cherche à reconstruire et en quelque sorte à brouiller les optiques sur le monde. Cette analyse que propose Michael Rinn d'une rhétorique particulièrement perverse rencontre, à cet égard, celle qu'avait menée Pierre Fresnault-Deruelle des sophismes visuels nazis (*Communication & langages*, n° 145).

L'analyse des discours négationnistes sur Internet peut s'articuler à travers trois constats : d'abord, les concepts traditionnels régulant la vie en société sont aujourd'hui tiraillés entre revendications identitaires et quête de liberté individuelle, entre globalisation des rapports humains et sentiment de déracinement culturel. L'exemple du déni de la Shoah montre comment chacun paraît dorénavant libre de se forger sa propre *Weltbild* sans nécessairement emprunter aux méthodes de rationalisation objective. Cette constatation rappelle que l'Internet favorise la fragmentation du savoir établi, portant atteinte à la crédibilité des institutions scientifiques.

Cela conduit à un autre constat : le concept de transparence communicative qui régit la société de l'information trouve ses racines dans la Shoah. Les cybernéticiens du *Massachusetts Institute of Technology* rassemblés autour de Harald Wiener, émigré autrichien, ont multiplié leurs recherches en apprenant la nouvelle des déportations des Juifs vers la Pologne en 1942. Leur idée était de mettre en rapport l'ensemble des acteurs sociaux afin d'éviter la politique de secret et de stratification sociale caractéristiques des régimes totalitaires. Philippe Breton soutient dans son ouvrage consacré à l'histoire des nouvelles technologies de communication que « la promotion de la transparence plutôt que d'un contenu nous oriente vers la voie de la compréhension du lien intime, profond, quasi structurel, qui s'établit entre la possibilité du meurtre en secret et l'obsession moderne, dont les médias ne sont qu'une conséquence, d'une transparence absolue »[1]. Or force est

1. Ph. Breton, *L'utopie de la communication*, Paris, La Découverte, 1997, p. 93.

de constater que la mise en œuvre des réseaux d'information n'a pas su éviter le pire : les nouvelles du génocide au Rwanda en avril 1994, les reportages sur les massacres perpétrés à Screbrenica en juillet 1995, ainsi que la diffusion du déni de la Shoah sur Internet démontrent un phénomène paradoxal : ce qui a été conçu pour empêcher la politique de déshumanisation s'est transformé en un puissant support de l'idéologie de l'anéantissement.

Enfin, notre recherche entreprise depuis 2000 nous a conduit à un troisième constat dont il faudra évaluer la portée. Le 16 janvier 2001, on a pu lire sur le site antiraciste américain « Hatewatch » (http://www.hatewatch.org) un message annonçant l'arrêt des activités en ligne : « Hatewatch Says Goodbye... ». Cet adieu adressé au public des adhérents prend la forme d'une bonne nouvelle : « Nous croyons que nous avons réussi la mission que nous nous étions proposée : éduquer la communauté des internautes en matière de fanatisme en leur donnant les moyens de le combattre » (notre traduction)[2]. Selon David Goldman, le gérant du site, les groupes racistes se seraient lourdement trompés de médium. En s'adressant aux internautes, ils auraient transformé ces derniers en activistes antiracistes. Depuis, « Hatewatch » a repris son combat contre les discours suprématistes et néonazis américains, avouant l'échec de son action initiale devant la prolifération des sites racistes qui se compteraient, selon les estimations récentes, entre 40 000 et 60 000[3].

Ces trois constats conduisent à formuler une thèse que nous nous proposons d'examiner dans cet article : alors que des méthodes d'analyse appropriées aux nouveaux médias font encore largement défaut, notamment dans les sciences humaines, l'opinion publique est exposée à un flux d'informations qu'elle ne peut suffisamment maîtriser, faute de pratiques culturelles pour le canaliser. Les discours racistes et négationnistes ont donc su prendre place dans ce nouvel espace public d'Internet, jouant sur une désorientation conceptuelle et perceptuelle de l'Histoire contemporaine, afin de rendre acceptable l'inacceptable réalité du génocide nazi et de faire paraître rationnel l'irrationnel sous-jacent à la politique d'extermination[4]. La mémoire courte propagée par les sites négationnistes paraît ainsi révélatrice d'un brouillage sémiodiscursif systématique : il s'agit de nier l'existence même de celles et ceux qui, selon le régime national-socialiste, étaient voués à l'inexistence.

Les limites de l'action rhétorique contemporaine

Le combat contre les « propagateurs de la haine »[5] requiert certes la détermination des législateurs[6], la définition d'une norme juridique reconnue et appliquée

2. Texte original : « [...] *we believe that we have succeded in fulfilling the mission we set for ourselves: to educate the online community about bigotry on the Web, and to provide tools for combating it* ».

3. Voir C. Coroller, « Racisme : nettoyer le Net de la haine », in *Libération*, 17 juin 2004.

4. Pour une approche textuelle de la problématique, voir M. Rinn, *Les récits du génocide. Sémiotique de l'indicible*, Paris-Lausanne, Delachaux et Niestlé, 1998.

5. M. Knobel et A. Peillon, « Interdire le Web aux racistes », in *Libération*, 2000, p. 28-11.

6. L'affaire Yahoo paraît exemplaire à cet égard. Société de droit américain, le portail Internet a été condamné par un juge français en 2000 pour la vente d'objets nazis sur son site d'enchères. Cependant, Yahoo a eu gain de cause devant un tribunal américain en novembre de l'année suivante, alors que l'Amicale des déportés d'Auschwitz a poursuivi la bataille juridique en France en 2004.

par les fournisseurs d'accès[7], mais avant tout une véritable prise de conscience des citoyens concernant les enjeux posés par les racistes et les néonazis sur Internet : quelle place réserver à la mémoire de l'anéantissement et quel usage donner à la diffusion du savoir historique sur Internet ? Afin de préciser cette question, notre réflexion portera principalement sur le champ de la rhétorique[8], rappelant que, depuis l'Antiquité, les théoriciens des discours de persuasion et de conviction ont construit leurs modèles de la raison démocratique sur une donnée qui définit l'enjeu majeur de la lutte contre le déni de la Shoah : l'opinion commune. Ainsi, au début des *Topiques*, Aristote présente l'objet de son étude de la manière suivante :

> Le but de ce traité est de trouver une méthode qui nous mette en mesure d'argumenter sur tout problème, en partant de prémisses probables, et d'éviter, quand nous soutenons un argument, de rien dire de nous-mêmes qui y soit contraire. [...] Sont *probables* les opinions qui sont reçues par tous les hommes, ou par la plupart d'entre eux, ou par les sages, et, parmi ces derniers, soit par tous, soit par la plupart, soit enfin, par les plus notables et les plus illustres.
>
> (*Topiques*, I, 1, 100a18 et 100b18 : 1-2)[9]

La conception aristotélicienne montre que l'opinion commune se caractérise d'abord par sa mise en place graduelle. Elle crée des espaces publics, entendus ici comme lieux de connaissances partagés et des valeurs communément acceptées[10]. Soumis aux variables de l'histoire, de la pensée et de la société elle-même, ces espaces publics tirent leur légitimité à la fois des normes qu'ils parviennent à imposer à la société et des croyances que cette même société leur confère.

L'analyse rhétorique paraît particulièrement apte à démontrer le fonctionnement profondément agonique, conflictuel, destructeur, voire terroriste des discours négationnistes. Elle permet de relever les structures de sens élaborées par leurs auteurs, les stratégies argumentatives dont ils se servent, leurs contradictions internes et la circularité de leur travail de persuasion, limitant, selon le modèle rhétorique, le nombre de leurs adhérents. Cependant, malgré leurs apparences rationnelles, force est de se demander s'il s'agit vraiment d'une *praxis* discursive destinée à entraîner l'adhésion de l'opinion publique par la pertinence des arguments soutenus. Compte tenu du fait que les négationnistes cherchent à nier une réalité historique vraie[11], on peut hésiter à s'engager dans un débat qui

7. Lire à ce sujet F.-J. Pansier et E. Jez, *La criminalité sur Internet*, Paris, PUF, 2000 et K. Bremer, *Strafbare Internet-Inhalte in internationaler Hinsicht*, Frankfurt a.M., Bern, P. Lang, 2001.

8. Comme le montrent les ouvrages de linguistique de J. Anis (*Internet, communication et langue française*, Paris, Hermès, 1999) et de A. Dejond (*La cyberl@ngue française*, Tournai (Belgique), La Renaissance du Livre, 2002), peu de recherches ont été menées pour l'instant dans le domaine des discours persuasifs sur Internet. Voir également l'ouvrage de J. Aitchison intitulé *The language web*, Cambridge, Cambridge University Press, 2002.

9. Édition traduite par J. Tricot, Paris, J. Vrin, 1990.

10. Voir M. Rinn, *Les discours sociaux contre le sida. Rhétorique de la communication publique*, Paris-Bruxelles, De Boeck, 2002, p. 49-91.

11. Dans un article de recherche, nous avons essayé de définir la co-présence paradoxale du vrai, non vraisemblable comme un topos, stéréotype discursif qui régit la représentation littéraire de la Shoah. M. Rinn, « Imre Kertész. Une écriture de l'extrême contemporain », in *Esthétique du Témoignage*, C. Dornier et R. Dulong (éds), Paris, Éditions de la Maison des Sciences de l'Homme, 2005, p. 61-69.

consiste à vouloir prouver des faits établis et suivre Aristote dans un passage tiré des *Topiques* :

> Il ne faut pas, du reste, examiner toute thèse, ni tout problème : c'est seulement au cas où la difficulté est proposée par des gens en quête d'arguments, et non pas quand c'est un châtiment qu'elle requiert, ou quand il suffit d'ouvrir les yeux. Ceux qui, par exemple, se posent la question de savoir s'il faut ou non honorer les dieux et aimer ses parents, n'ont besoin que d'une bonne correction, et ceux qui se demandent si la neige est blanche ou non, n'ont qu'à regarder.
>
> (*Topiques* 105a5 : 28)

Certes, il faut situer les raisons avancées par Aristote dans leur contexte historique. Mais le cas de Deborah Lipstadt, historienne américaine, paraît exemplaire pour la problématique évoquée. Dans son ouvrage consacré au déni de la Shoah, elle justifie son refus d'engager une discussion publique avec les négationnistes, refus qui a été largement désapprouvé par les médias. D. Lipstadt soutient l'idée selon laquelle tout débat confère une légitimité aux interlocuteurs. En l'occurrence, cela contribuerait à mettre en valeur les « thèses » négationnistes mettant en doute la réalité de la Shoah[12]. La spécificité de l'Internet est qu'il tend à se substituer aux médiateurs traditionnels de la mémoire (cercles familiaux, communautés religieuses et institutions scientifiques), tout en fragmentant infiniment la réalité sociale qui nous entoure et qui nous constitue en tant qu'individus, bloquant la mise en place durable des critères d'évaluation nécessaire à la validation de la raison objective. Il faut donc conclure que les discours constituant le savoir institutionnel revêtent dès lors un statut épistémique de plus en plus précaire, renforçant la persuasion négationniste en rupture avec les pratiques établies du discours argumenté.

BROUILLAGE RÉFÉRENTIEL[13]

Lorsqu'on accède à la place publique de l'Internet par le biais des mots de recherche comme Holocauste, Shoah, révisionnisme, on découvre une zone de combat rhétorique d'une rare violence : sont présents d'innombrables sites négationnistes et leurs adversaires comme ceux du centre Simon Wiesenthal (http://www.wiesenthal.com), d'Amnistia (http://amnistia.net) ou de Ras l'front (http://www.raslfront)[14]. L'analyse de la page d'accueil de Russ Granata (http://www.russgranata.com)[15] (consultée le 23/11/2003) permet de caractériser le

12. D. Lipstadt, *Denying the Holocaust : The growing assault on Truth and Memory*, Free Press/Macmillan, 1993. Lire également R. E. Evans, *Lying about Hitler: History, the Holocaust and the David Irving Trial*, New York, Basic Books, 2001 et D. Lipstadt, *History on Trial: My day in court with David Irving*, Ecco/Harper Collins, 2005.

13. Pour le fondement théorique de cette partie, voir M. Rinn, « Cybernégationnismes », *Mots*, n° 80, Lyon, ENS Éditions (à paraître).

14. Voir notre recherche sur les sites antinégationnistes intitulée « Réfutations négationnistes », in *Le* pathos *en action. L'usage des émotions dans le discours*, M. Rinn (éd.), Presses Universitaires de Rennes (à paraître).

15. Créé selon ses propres dires en avril 1999, le site de Russ Granata a disparu fin 2004. Sur une page révisionniste américaine qui lui rend hommage, on peut apprendre que R. Granata est décédé le 14 août 2004 en Californie.

premier type de site négationniste. Du point de vue rhétorique, la prise de contact entre l'hôte et ses visiteurs est déconcertante : la présentation de la page d'accueil est confuse ; différents graphismes juxtaposent des types d'écritures antiquisants et modernes ; des colonnes verticales et horizontales empêchent une hiérarchisation claire des rubriques, enfin un mélange de voix locutrices renforce l'impression de se trouver dans un « brouillard » sémiologique.

Les modèles théoriques proposés par les sciences du langage afin d'analyser l'image publicitaire permettent de mener une première approche critique. On peut donc se référer aux travaux du Groupe μ, *Traité du signe visuel* (1992), de Pierre Fresnault-Deruelle, *L'éloquence de l'image* (1993) et de Jean-Michel Adam et Marc Bonhomme, *L'argumentation publicitaire* (1998) [16]. Mais il paraît urgent d'élaborer de nouveaux concepts sémiologiques adaptés à ce médium qui se caractérise par le renouvellement incessant des moyens technologiques et des stratégies communicatives qu'il met en œuvre. Comme le montre l'étude de la page d'accueil de R. Granata, une question est particulièrement importante : comment analyser le contraste entre la mise en page électronique *instable*, interférant simultanément images iconiques, sons et textes et les modes de lecture critique qui réfèrent toujours dans un univers de sens *stable* ? La stratégie sémiodiscursive des négationnistes consiste précisément à déstabiliser les données historiographiques indispensables à la compréhension de leur travail de persuasion.

Le visiteur du site de R. Granata assiste au grand jeu d'images en couleurs qui cherchent à capter son regard. Le tout est teinté d'amateurisme : le ciel bleu clair du début fait subitement place à un rouge vif qui envahit l'écran. Enfin, on assiste au dévoilement des Granata, lignée pseudo-aristocratique connue des seuls admirateurs d'un monsieur au sourire de grand-père qui s'affiche au milieu de la page. Si l'on a quelque peine à mettre en relation les signes distinctifs du blason avec ce visage bénin, l'ethos de l'orateur, c'est-à-dire l'image qu'il cherche à donner de lui-même, semble brouillée lorsque le visiteur s'intéresse à sa notice biographique (voir rubrique intitulée « Biographical Sketch ») [17]. Il y apprendra que R. Granata est effectivement un grand-père et que, matelot sur le porte-avions Houston durant la Seconde Guerre mondiale, il a vu décoller et atterrir George Bush père, pilote de guerre. Cette rencontre fortuite semble avoir été un des grands moments de la vie de R. Granata.

Selon le concept de l'ethos oratoire, ses exploits guerriers témoignent de son caractère vertueux, de même que son regard de grand-père devrait susciter la bienveillance des internautes. Mais si l'on se réfère à la théorie aristotélicienne, on reconnaît l'absence de la troisième condition nécessaire pour gagner l'adhésion

16. Groupe μ, *Traité du signe visuel. Pour une sémiotique de l'image*, Paris, Le Seuil, 1992 ; P. Fresnault-Deruelle, *L'éloquence de l'image*, Paris, PUF, 1993 ; J.-M. Adam et M. Bonhomme, *L'argumentation publicitaire*, Paris, Nathan, 1997.

17. Pour le concept linguistique de l'ethos oratoire, voir R. Amossy (dir.), *Images de soi dans le discours. La construction de l'ethos*, Paris-Lausanne, Delachaux et Niestlé, 1999 ; M. Rinn, *Les discours sociaux contre le sida. Rhétorique de la communication publique*, Bruxelles, De Boeck, 2002, p. 171-195 ; D. Maingueneau, *Le discours littéraire*, Paris, Armand Colin, 2004, p. 203-221.

du public : le bon sens[18]. Comment mettre en relation le patriotisme dont se prévaut R. Granata avec son engagement aux côtés des adversaires déclarés des États-Unis ? En activant les entrées rangées dans la colonne gauche de la page d'accueil, on découvre des liens avec des sites de l'extrême droite américaine, notamment ceux qui approuvent l'attentat perpétré contre le Murrah Federal building à Oklahoma le 19 avril 1995. R. Granata entretient également des relations étroites avec des négationnistes européens comme Carlo Mattogno ou Jürgen Graf, citoyen suisse, actuellement en cavale en Iran. Ainsi, on peut penser que le site de R. Granata n'a pas été conçu conformément à la logique des nouveaux médias. L'Internet étant gouverné par l'accessibilité des informations, rien ne paraît plus contraignant qu'une mise en place confuse d'une page d'accueil, un concept de communication contradictoire et un gérant qui s'avère être un homme du passé. Cependant, le mélange des codes iconiques, typographiques et géométriques qui caractérise le site de R. Granata permet de relever une spécificité de la stratégie sémiodiscursive des sites négationnistes : le brouillage référentiel des données historiques. Cela permet de mieux comprendre pourquoi la faiblesse argumentative d'un discours peut renforcer le déploiement du pouvoir de conviction.

Tel paraît également le cas du site d'Ahmed Rami intitulé « Radio Islam » (http://www.radioislam.org) (consulté le 03/12/2004). Empruntant à une stratégie de conviction similaire à celle de R. Granata, mélangeant plusieurs typographies, représentations iconiques et idiomes sur une même page. L'argumentation que l'internaute découvre est tout aussi floue : la voix de « Radio Islam » s'appuie sur une rhétorique socio-religieuse, appelant au renversement de Hassan II, roi du Maroc : « Face à ce danger [...] il n'y a, devant nous, qu'une seule alternative et une seule réponse : une révolution islamique radicale, éclairée, intelligente, tolérante et libératrce (*sic*) ». Se présentant comme un « combattant pour la paix » (*freedom fighter*), A. Rami, citoyen marocain émigré en Suède, semble vouloir œuvrer en faveur d'un changement politique de son pays d'origine. Plusieurs références confirment cette interprétation : un chapitre est consacré à la « tragédie marocaine », d'autres pages dénoncent le régime politique dans différents pays arabes (la Syrie, l'Égypte, le Liban), faisant appel aux slogans révolutionnaires attribués à l'Imam Khomeini.

Ce qui contribue à l'ambiguïté argumentative de ce discours, c'est la coprésence d'une mise en perspective à la fois historique et contemporaine de l'idéologie (néo)nazie. L'ambiguïté provient du fait que la mémoire des années noires de l'Occupation allemande est sollicitée pour décrier l'injustice subie par le peuple palestinien dans les territoires occupés. Il semble paradoxal de constater qu'A. Rami cherche en même temps à idéaliser le régime nazi en diffusant une version de *Mein Kampf*, accompagnée du « testament » de Hitler, ouvrages traduits dans plusieurs langues. Le renversement des données historiques répond

18. Nous nous référons au passage suivant de la *Rhétorique* d'Aristote : « Il y a trois choses qui donnent de la confiance dans l'orateur ; car il y en a trois qui nous en inspirent, indépendamment des démonstrations produites. Ce sont le bon sens, la vertu et la bienveillance. [...] Par suite du manque de bon sens, on n'exprime pas une opinion saine » (*Rhétorique* II, 1378a).

à une stratégie discursive visant à diaboliser le judaïsme en général et le sionisme en particulier. On reconnaîtra l'argumentaire traditionnel de l'antisémitisme allant du complot juif au peuple déicide – A. Rami se posant en l'occurrence comme le défenseur du christianisme, en passant par la publication du *Protocole des Sages de Sion*, opuscule de la police tsariste diffusé également en langue arabe.

Les nombreuses références bibliographiques, de même que les forums de discussion révèlent enfin l'étroite imbrication de l'idéologie négationniste dans l'islamisme radical prôné par A. Rami. Ainsi, un photoreportage montre ce dernier en compagnie de Robert Faurisson, négationniste français, rendant visite au camp de concentration de Dachau. D'autres pages sont réservées aux activistes anciens et contemporains, comme Roger Garaudy, Jürgen Graf ou Serge Thion[19]. Il faut donc constater que le « brouillard » sémiologique produit par A. Rami, rappelant le dilettantisme de R. Granata, contribue à entretenir une confusion référentielle particulière : le négationnisme occidental est sollicité pour renforcer les discours islamistes mélangeant antisionisme et antisémitisme.

Polyphonie informationnelle

Par rapport au premier type de site négationniste dont nous venons d'analyser le fonctionnement sémiodiscursif flou, le deuxième cherche à s'affirmer résolument dans les nouveaux paysages médiatiques qui se sont dessinés durant les années 1990. Nous nous proposerons d'étudier la stratégie argumentative du « Zundelsite » (http://www.zundelsite.org) (consulté le 18/05/2005) géré par Ernst Zündel, un Allemand émigré au Canada[20]. L'internaute peut s'orienter en fonction d'enseignes iconiques clairement hiérarchisées selon un ordre chronologique et des parties textuelles qui font appel, par zones interactives, au contenu des images. Contrairement aux sites de R. Granata ou de A. Rami, celui d'E. Zündel traduit la volonté de capter l'attention du visiteur par le biais d'une organisation et d'un fonctionnement dépouillés. Mais sur le plan rhétorique, le site emprunte deux stratégies argumentatives contradictoires, contribuant à réduire sa portée persuasive. D'une part, cette contradiction se manifeste au niveau de l'accroche de la page d'accueil, juxtaposant le logo et le slogan du site. Le signifiant iconique du logo, figurant – dans une position désaxée – la lettre Z contenue dans le nom de l'hôte, s'inscrit sur un fond rouge et blanc. La référence à la croix gammée du drapeau nazi est clairement affirmée. En outre, le site propose plusieurs cycles de « formation » destinés à initier les visiteurs au « révisionnisme » selon le modèle du cursus universitaire américain (101 cours d'introduction ; 202 deuxième année ; etc.). Ces cycles sont focalisés sur la vision passéiste d'E. Zündel. L'ensemble du programme d'« éducation » est consacré à la promotion du déni de la Shoah dont le but consiste à revaloriser le régime nazi.

19. Pour une approche historiographique du négationnisme en France, voir P.-A Taguieff, *La couleur et le sang. Doctrines racistes à la française*, Paris, Éditions Mille et une nuits, 1998 et V. Igounet, *Histoire du négationnisme en France*, Paris, Le Seuil, 2000.

20. Depuis 2003, ce site a perdu beaucoup de son dynamisme en raison des procédures juridiques que le gouvernement canadien a engagées contre E. Zündel. Ce dernier est actuellement emprisonné en Allemagne.

D'autre part, selon le slogan du site « S'il vous plaît, soutenez le site le plus assiégé du Web » placé à côté du logo, le gérant cherche à se présenter comme le défenseur de la liberté de parole sur Internet. Mais cet appel de solidarité insistant lancé à la communauté des internautes pour soutenir du « Zundelsite » ne pourra atteindre qu'un public restreint, compte tenu du but déclaré d'E. Zündel qui consiste à « combattre le Nouveau Monde ». On peut supposer que E. Zündel pense au nouvel ordre mondial proclamé par la *pax americana* après la guerre du Golfe dans les années 1990. Mais ce même ordre a précisément fait naître le public auquel il s'adresse et qui est sa principale cible. Privé de ses arguments et fermé au public auquel il s'adresse, le discours d'E. Zündel restera donc figé dans sa nostalgie de l'Allemagne nazie.

Sur le plan sémiologique, le site de Serge Thion intitulé « L'Association des Anciens Amateurs de Récits de Guerres et d'Holocaustes » (http://vho.org/aaargh) (consulté le 03/12/2004) s'inscrit dans la continuité du « Zundelsite ». Comme son précurseur E. Zündel, cet ancien chercheur, exclu du CNRS, adopte une argumentation paralogique pour mettre en doute le savoir historique. La particularité de S. Thion consiste à emprunter à ce que Marc Angenot appelle « le pathos agressif » : « Si la polémique se ramène essentiellement au *pathos agressif*, si la part démonstrative et dialectique se réduit au minimum, nous aurons affaire à un genre particulier – plus ancien sans doute que le discours persuasif –, celui de l'*invective.* » (1982 : 35)[21]. Ainsi, dans une rubrique intitulée « La parole à nos adversaires » (consultée le 03/12/2004), S. Thion range ses opposants parmi lesquels il croît reconnaître Raul Hilberg, Pierre Vidal-Naquet ou Jacques Baynac dans trois catégories : 1. « Bavarde à côté du sujet » ; 2. « Pourrait faire mieux » ; 3. « Les Vigilants ». Le principe de classification repose sur une dramatisation discursive ascendante. Puisant dans le registre des expressions émotives[22], S. Thion se sert des figures pathiques dont la fonction consiste à créer ou à augmenter la sympathie pour l'orateur, tout en soulevant ou en renforçant l'antipathie envers son opposant.

Dans la première catégorie, on peut reconnaître l'utilisation du sarcasme. Contrairement à l'ironie, cette figure de la véhémence est une forme exacerbée de la moquerie qui ne laisse peu de doute interprétatif. Selon S. Thion, les discours de ses adversaires provoquent de « réjouissantes guerres picrocholines ». Outre la structure oxymorique de la locution, c'est l'adjectif « picrocholines » qui déclenche le calcul de sens. Composé des éléments grecs *pikros*, « amer », et *khole*, « bile », le lexème néologique renvoie aux accès de colère ou de mélancolie dont souffriraient les adversaires. S. Thion invite le public à s'en réjouir : « C'est un spectacle à ne pas manquer ». À un degré pathémique très fort, on peut identifier la *bdelygmia*. Cette figure du discours vise à provoquer chez les destinataires une aversion forte pour les opposants. En comparant ces derniers à des « inquisiteurs », S. Thion cherche à faire rejeter leur action oratoire en la qualifiant de « nauséabonde ».

21. M. Angenot, *La parole pamphlétaire*, Paris, Payot, 1982.

22. Pour une typologie de ces expressions, voir A. W. Hallsall, « Figures de la véhémence chez Shakespeare et Hugo », in *La parole polémique*, G. Declercq, M. Murat et J. Dangel (éds), Paris, Honoré Champion, 2003, p. 263-281.

Dans la deuxième catégorie intitulée « Pourrait mieux faire », on peut de nouveau reconnaître la figure du sarcasme qui consiste, en l'occurrence, à moquer la compétence intellectuelle des adversaires. Ces derniers « veulent bien traiter le sujet », mais leurs travaux se caractériseraient par des « manques et des faiblesses ». Aussi seraient-ils rangés dans cette rubrique « à titre d'encouragement ». La procédure discursive emprunte aussi à la *proclesis*, figure de la véhémence qui incite à la violence. S. Thion procède en trois mouvements argumentatifs. D'abord, il prétend reconnaître que certains de ses opposants « [essaient] d'aborder les vraies questions historiques ». Cela lui permet de situer leurs approches sur le plan de la méthodologie « révisionniste ». À condition d'améliorer leurs analyses, les chercheurs de cette catégorie pourraient donc participer à la « controverse » sur la réalité de la Shoah. Conférant le rôle de juge au « public éclairé » auquel il s'adresse, S. Thion procède ainsi au renversement du savoir historiographique auquel participeraient les « antirévisionnistes » pour améliorer leurs compétences scientifiques.

Enfin, la catégorie de dramatisation discursive la plus haute est occupée par les « Vigilants ». Dans le passage qui leur est consacré, S. Thion se sert de deux types de sarcasmes. D'une part, il attaque directement la personne de ses adversaires, qualifiant ces derniers de « petite tourbe ». L'expression contradictoire associe l'idée de nombre réduit de ces opposants, suggérant leur isolement, avec celle d'une appartenance à la lie du peuple, ce qui le conduit à leur attribuer un caractère vulgaire. D'autre part, S. Thion cherche à ridiculiser leur discours scientifique, le comparant à des « bouffées de chaleur de la ménopause ». À un degré d'investissement pathémique plus fort, on peut également reconnaître la figure de la *categoria*, accusation qui se présente sous la forme d'une assertion directe de la culpabilité de l'interlocuteur. En l'occurrence, S. Thion accuse ses adversaires de mener des recherches dans le but de « garantir les postes qu'ils occupent ». Enfin, l'*ara* qui consiste à provoquer chez les destinaires la désapprobation la plus forte pour les opposants visés. Ainsi le terme « terreur » qualifiant l'effet produit par leur action oratoire.

Contrairement à ce qu'il préconise, à savoir « [placer les arguments opposés] aussi près que possible des siens *pour que la comparaison soit faite*, pour qu'elle éclaire l'esprit du lecteur qui cherche sa vérité », S. Thion vise à déstabiliser la *doxa* historiographique par l'attaque et la disqualification des personnes présentées comme ses interlocuteurs. Telle paraît la principale caractéristique de la stratégie argumentative empruntée : en se lançant dans la polémique contre les opposants aux négationnistes, S. Thion feint de mener une discussion dont le seul but est de lui conférer une légitimité scientifique dont il a besoin pour étayer son assise sur le public des internautes.

DÉLECTATION LUDIQUE

Notre dernière analyse sémiodiscursive du déni de la Shoah sur Internet sera consacrée à un des sites les plus performants : « Action Report » de David Irving, historien autodidacte anglais (http://www.fpp.co.uk) (consulté le 03/12/2004). Jouant habilement plusieurs rôles à la fois, celui du chercheur reconnu, du pamphlétaire teigneux, de l'éditorialiste acerbe et du guide charismatique illuminé, D. Irving gère son site comme une tribune oratoire. Présenté sous forme de journal électronique, « Action Report » prétend satisfaire un lectorat étendu en proposant des contenus variés. S'il est vrai que le premier exemple que nous en avons tiré le 19/02/2001 était centré sur le cliché du Juif avide d'argent, l'ensemble de la page actuelle emprunte davantage à la presse à scandale. Ainsi, l'antisémitisme du gérant est habilement mis en scène. Se coulant dans le moule du registre discursif emprunté, « Action Report » cherche aujourd'hui à répondre aux aspirations d'une jeune génération d'internautes avides de chroniques scandaleuses (en septembre 2001, D. Irving prétend connaître les vrais mobiles des Américains en Irak) et de divertissements (les éditions de la même époque publiaient une section intitulée « flag girl », montrant l'image que l'on pouvait agrandir pour découvrir une femme à demi nue.)

Contrairement au pathos agressif emprunté par S. Thion qui prétend « s'amuser un peu dans la vie » (consulté le 03/02/2004), la polémique engagée par D. Irving contre ses opposants se caractérise par un mélange de jeux de langage et d'images iconiques. Ainsi, dans la rubrique intitulée « Quelques ennemis traditionnels de la liberté de parole » (notre traduction)[23] (consultée le 13/11/2005), on peut découvrir une section consacrée au « Centre Simon Wiesenthal » (http://www.wiesenthal.com). Le milieu de la première page est occupé par la photographie officielle de Simon Wiesenthal, fondateur du centre. L'entête de la page affiche la lettre « W » peinte en jaune, inversant le logo de la chaîne de restauration rapide américaine MacDonald's. Le nom « Wiesenthal » est inscrit dans ce pseudo-logo. Cette iconisation du verbal induit à penser que le Centre Simon Wiesenthal poursuit des buts mercantiles. À la même hauteur de la page, on peut lire une phrase non signée qu'il faut attribuer à D. Irving : « Le Centre Simon Wiesenthal diffuse tous les jours six millions de mensonges et de légendes sur l'Holocauste autour du monde » (notre traduction)[24]. Cette affirmation péremptoire soutient l'idée de la puissance médiatique dont disposerait le centre pour mener une entreprise de propagande à l'échelle planétaire. Quant au chiffre de « six millions », établi par l'historiographie au sujet des victimes juives de la Solution finale, il est avancé pour soutenir la « thèse » qui nie l'existence du génocide nazi.

Enfin, le titre courant de la section : « The Hatemeisters : the Simon Wiesenthal Center ». D. Irving se sert du néologisme *Hatemeisters* composé des substantifs anglais « hate » (haine) et allemand « Meister » (maître) non seulement pour dénoncer le centre qui excellerait dans la diffusion de messages fallacieux, mais pour introduire l'héritage allemand, voire nazi, dont il se réclamerait. L'exemple de « Hatemeisters » emprunte à l'*ara*, figure du discours de la véhémence qui joint l'exécration à l'imprécation pour soulever le sentiment d'antipathie le plus fort. La stratégie sémiodiscursive de l'ensemble de la page faisant appel à la mémoire iconique (le logo inversé de MacDonald's) et historique (les chiffres de six millions), montre que D. Irving met en jeu une procédure argumentative destinée à désorienter l'interprétant. Participant au déni de la Shoah, le registre ludique

23. Texte original : « some traditional enemies of Free Speech ».

24. Texte original : « The Simon Wiesenthal Center serves up Six Million Lies and Legends about the Holocaust around the world daily. »

contribue ainsi au balayage global de la rubrique, balisant un parcours de lecture centré sur la banalisation à la fois rationnelle et émotionnelle du crime nazi.

Pour conclure, on peut constater que D. Irving s'affirme comme un orateur doué, mélangeant savamment les grands genres des discours de conviction : le judiciaire, le délibératif et l'épidictique[25]. D'une part, en empruntant le genre judiciaire, il prétend faire appel à la Seconde Guerre mondiale dans une finalité éthique, afin de distinguer clairement le juste de l'injuste. D'autre part, D. Irving, se servant du genre délibératif, revêt le rôle traditionnel de conseiller auprès d'un public de non-spécialistes, cela dans le but de proposer à son auditoire une prise de position favorable à l'égard des opinions défendues par le journal électronique. S'appuyant sur sa prétendue réputation d'historien, il oriente son discours sur la promesse d'un avenir radieux où seule la liberté de parole gouvernerait l'Internet. La posture oratoire adoptée par D. Irving trahit pourtant les limites de son art de la persuasion, malgré sa maîtrise indéniable du troisième trait caractéristique des discours négationnistes : le brouillage systématique des genres rhétoriques. Son discours autotélique ne pourra faire adhérer à ses thèses qu'une minorité d'internautes attirés par l'allure résolument moderniste de sa mise en scène de l'*infotainment* contemporain.

Reconstruction des optiques sur le monde

Notre dernière approche des sites négationnistes porte sur leur travail de subjectivation du *Weltbild* destiné à reconstruire les optiques sur le monde. Dans notre modèle théorique, le fonctionnement sémiodiscursif de l'Internet repose sur l'articulation de deux réseaux cybernétiques : le RÉSEAU CONCEPTUEL et le RÉSEAU PERCEPTUEL. Le premier réseau est centré sur trois notions linguistiques : la *rééducation* historiographique des internautes ; l'*adhésion* du public aux différents messages négationnistes ; la *participation* active au déni de la Shoah. Chacune de ces trois notions exerce un degré d'incitation communicative variable sur l'interlocuteur. Ainsi, la rééducation historiographique peut être située à un degré d'incitation faible, puisqu'elle requiert de la part du récepteur une simple disposition à l'écoute. En ce qui concerne l'adhésion aux messages négationnistes, le degré d'incitation communicative est plus fort, afin d'impliquer l'internaute dans la réception et le décodage de ces messages. L'étape ultime de l'action négationniste suppose à son tour le degré le plus fort d'implication personnelle de la part du récepteur. La finalité actantielle de la communication négationniste correspond ainsi au degré d'incitation maximale.

En ce qui concerne le circuit perceptuel de la communication iconique, il se superpose à celui de concept idéologique. Mais à la différence du fonctionnement cybernétique que nous venons d'analyser, les degrés d'incitation y sont inversés. Les conditions de l'argumentation iconique se définissent d'abord par leur capacité à mobiliser des affects et à produire des réactions spontanées. Le récepteur du message iconique s'y investit en premier lieu au niveau de ses réflexes pour

25. Pour une définition actuelle de ces termes empruntés à la rhétorique antique, voir M. Rinn, *Les discours sociaux contre le sida. Rhétorique de la communication publique*, *op. cit.*, p. 171-194.

découvrir, le cas échéant et progressivement, les motivations de son investissement émotionnel et ses convictions profondes à l'égard du déni de la Shoah.

On peut schématiser les séquences conceptuelles et perceptuelles des sites négationnistes de la manière suivante :

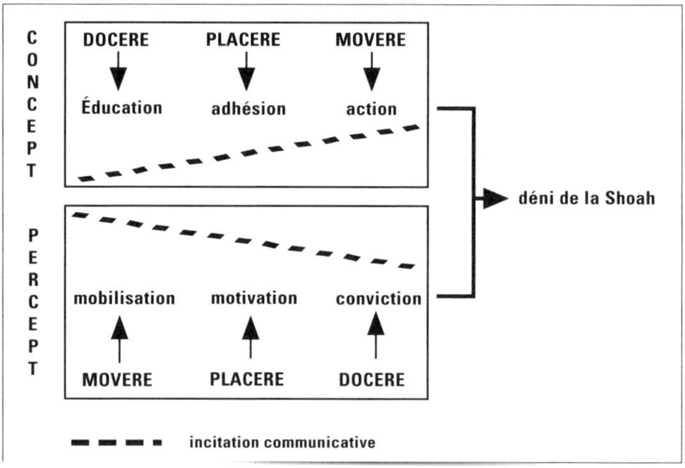

Nous constatons que la production de la mémoire courte se fonde sur un rééquilibrage permanent des réseaux conceptuels et perceptuels qui régissent le fonctionnement cybernétique de sites négationnistes. En effet, le réseau conceptuel fonctionne selon le modèle rhétorique du *docere* (enseigner la non existence des victimes du nazisme), du *placere* (se faire aimer par les internautes par un discours militant) et du *movere* (faire adhérer le public des visiteurs aux « thèses » négationnistes). Quant au réseau perceptuel, il fonctionne selon le modèle inverse : *movere* (faire adhérer le public à l'univers iconique, plastique et graphique du site), *placere* (plaire au public par l'iconisation systématique des sites) et *docere* (convaincre le public par une figuration iconique pertinente).

Compte tenu du fait que le modèle cybernétique repose sur une correspondance réciproque des différentes séquences conceptuelles et perceptuelles en jeu dans la pratique oratoire (*docere*, *placere* et *movere*) – ce qui conduit le système à une pondération des relations infrastructurelles –, cela signifie que le fonctionnement simultané des deux circuits cybernétiques mène à un rééquilibrage sémiologique permanent. La forte prégnance sémio-culturelle du circuit perceptuel permet de mieux comprendre l'escamotage des carences que nous avons relevées dans l'argumentation négationniste sur l'Internet. Nous pouvons donc affirmer que la spécificité de l'action négationniste destinée à produire la mémoire courte consiste à renforcer le brouillage sémiologique entre les codes analogiques du langage verbal et digital de la texture iconique, recourant simultanément au brouillage systématique des genres rhétoriques afin de déstabiliser durablement le savoir historiographique.

L'analyse sémiodiscursive de la mémoire courte d'Internet nous conduit à relever un processus paradoxal. Les négationnistes ont gagné en importance grâce aux nouveaux systèmes de communication, alors qu'ils ne peuvent se maintenir, d'un point de vue argumentatif, que dans un cloisonnement de plus en plus radical. Telle paraît être leur principale faiblesse communicative. Cependant, en se forgeant une place privilégiée dans l'espace public d'Internet, les négationnistes cherchent à pallier leurs carences argumentatives. Adoptant le régime structural de l'Internet, ils participent à la *fragmentation* à la fois spatiale, temporelle et référentielle caractéristique du fonctionnement du *cyberspace*. Nous nous référons ici à notre approche des sites de Russ Granata et d'Ahmed Rami. En renforçant la polyphonie *informationnelle* de leurs portails situés principalement aux États-Unis, ils contribuent également à l'*accumulation* des contenus sémiotiques disponibles sur Internet, prétendant rendre accessible une représentation exhaustive de l'Histoire de la Shoah. L'action oratoire de Ernst Zündel ou celle de Serge Thion nous paraissent exemplaires à cet égard. Enfin, les négationnistes profitent des parcours de lectures de plus en plus complexes du *cyberspace*, la circulation perceptuelle permanente confirmant l'impression de la densification incessante des informations diffusées. Ainsi, ils profitent largement de la fonction de *délectation ludique* de l'Internet, le journal en ligne *Action report* de David Irving en est le modèle.

Restera à savoir si les négationnistes, comme d'autres acteurs du *cyberspace*, dont les réseaux pédophiles, ne contribuent pas avant tout à la création d'une autre mémoire, précisément celle de l'Internet – comprise comme une sorte d'infosphère illimitée, enregistrant les pratiques communicatives des internautes attirés par ce type de discours extrémiste. Fondé sur la traçabilité de l'ensemble des informations échangées, ainsi que sur l'extraction de leurs contenus par le *datamining*, le technopouvoir pourra jouer dorénavant un rôle géopolitique majeur[26]. Il contribuera à la constitution de la *mémoire longue* de l'Internet, centrée sur la seule rentabilité mercantile et dépouillée de toute dimension historique[27]. Ainsi, notre analyse sémiodiscursive du déni de la Shoah propagé sur Internet participe à un programme de recherche majeur : il s'agit de conceptualiser les nouveaux usages d'enregistrement, de diffusion et d'interprétation de la mémoire politique, sociale, et culturelle de nos sociétés contemporaines.

MICHAEL RINN

26. S. Godeluck, *La géopolitique d'Internet*, Paris, La Découverte, 2002, p. 223-237.

27. M. Béra et E. Mechoulan, *La machine Internet*, Paris, Éditions Odile Jacob, 1999, p. 269-304.

Ce que *chatter* veut dire

Pratiques internautes des jeunes des classes populaires

FABIEN LABARTHE

En cherchant à décrire la manière dont les jeunes des classes populaires abordent la pratique du *chat* dans le contexte particulier d'un Espace Culture Multimédia (La Friche Belle de Mai de Marseille), Fabien Labarthe analyse la place que le *chat* occupe au sein du processus d'initiation à Internet. Il montre ainsi qu'au cours des itinéraires d'apprentissage, le *chat* offre clandestinement des savoir-faire tacites qui favorisent le développement de compétences sémiotechniques. Cette phase d'ajustement ne saurait toutefois être envisagée en dehors des compétences sociolinguistiques qui influent sur la façon dont ces jeunes conçoivent et utilisent les *chats*. Les appréciations portées par les pairs et les animateurs multimédia en charge du lieu, ainsi que les difficultés rencontrées pour entrer en relation sur le *chat*, conduisent ces adolescents à désinvestir peu à peu cette pratique et à reconvertir leurs savoir-faire vers de nouveaux usages. Ainsi le *chat* apparaît-il chez ces jeunes comme une pratique foncièrement transitoire.

« L'esprit de sérieux fait que, depuis Marx, nous nous représentons le devenir historique ou scientifique comme une succession de problèmes que l'humanité se pose et résout, alors qu'à l'évidence, l'humanité agissante ou savante ne cesse d'oublier chaque problème pour penser à autre chose ; si bien que le réalisme serait moins de se dire : "Comment tout cela finira-t-il ?" que de se demander : "Que vont-ils bien encore inventer, cette fois-ci ?" »

Paul Veyne, *Les Grecs ont-ils cru à leurs mythes ?* Paris, Le Seuil, 1983, p. 49

Un grand nombre des recherches portant sur les Technologies de l'Information et de la Communication et sur Internet en particulier a pour préoccupation la question du lien social. En mettant à distance les agitations morales[1] qui ont accompagné les premières diffusions de l'Internet grand public, elles ont contribué à mettre en évidence les logiques d'appropriation des individus. Ce prisme d'analyse a permis de faire apparaître la prégnance protéiforme des *identités sociales et culturelles* dans la construction des usages.

Les travaux qui se sont intéressés à « l'art de bavarder sur Internet »[2], à travers les différents supports de communication qu'il offre (messageries électroniques, forums et listes de discussion, *chats*[3]) ont, eux, appréhendé à partir

1. Celles-ci posent, de façon cyclique, un regard tantôt euphorique, tantôt alarmiste sur les conséquences que font peser ces technologies sur le devenir de la vie en société.

2. Danielle Verville et Jean-Paul Lafrance, « L'art de bavarder sur Internet », in *Réseaux* n° 97, vol. 17, 1999.

3. Le *chat* est un espace virtuel de rencontre. Il se distingue des autres outils en ce qu'il permet une synchronisation des échanges. Les individus sont identifiés sur les *chats* par un pseudonyme de leur choix et peuvent communiquer en participant à une conversation commune ou privée.

des rituels de *présentation de soi* et de *figuration*, les formes de *coopération* et d'*engagement* qui se jouent à l'intérieur de ces espaces publics de communication techniquement contraignants. Considérant que ces outils agencent la mise en scène d'*actes de discours* écrits, ils ont mobilisé les concepts tirés de l'interactionnisme symbolique et de l'ethnométhodologie.

En conservant cette focale interprétative, cet article propose d'étendre l'analyse des interactions qui se jouent à l'intérieur des *chats* en les reliant à celles qui prévalent en dehors des écrans. Il s'agit de remettre sur ses deux pieds le programme d'étude des interactions sociales qui veut que *communication* et *identité sociale* soient liées entre elles en examinant la relation des *chatteurs* au contexte situationnel dans lequel ils agissent. Les usagers de ces espaces « virtuels » sont en effet toujours situés dans un espace « réel », par lequel ils accèdent aux premiers.

Le cas des espaces publics d'accès à Internet est à cet égard intéressant, puisque la proximité des usagers y favorise l'entraide et les collaborations dans les manipulations informatiques, tout autant que les prescriptions d'usage et la circulation des centres d'intérêts. En élargissant l'angle de l'étude des *chats* à ces interactions externes, il devient possible de saisir en quoi cet usage spécifique du web mobilise des ressources diverses qui ouvrent en retour un nouvel espace de compétences pratiques ; et qui peuvent à leur tour être reconverties – différemment selon chacun – dans d'autres types d'usages. Notre hypothèse est que le dispositif sociotechnique du *chat* est susceptible de participer en tant que tel au processus global d'appropriation d'Internet. Après avoir précisé le contexte institutionnel propre à notre objet, nous considérerons dans un premier temps l'outil informatique et les interfaces des *chats* à partir du spectre des compétences sémiotechniques qui en autorisent la *manipulation*, pour envisager dans un second temps, à partir des compétences sociolinguistiques, leurs régimes de *consommation* différenciés.

Le terrain sur lequel nous avons relevé l'essentiel de nos données empiriques est un Espace Culture Multimédia (ECM)[4] situé dans l'enceinte de la Friche la Belle de Mai, structure socioculturelle implantée à la lisière des quartiers nord de Marseille. Les publics qui fréquentent cet ECM sont, en majorité, des adolescents des classes populaires issus de l'immigration. Peu dotés en ressources économiques et culturelles, élevés pour la plupart par des familles monoparentales, nos enquêtés sont des garçons âgés de 12 à 18 ans qui vivent, ou ont vécu, dans le quartier de La Belle de Mai. Ils sont au collège ou au lycée, dans des filières techniques ou professionnelles (CAP, BEP ou Bac Pro), et quelques-uns sont en rupture d'études. Au moment de la phase d'enquête dont rend compte cet article, aucun de ces jeunes ne disposait d'un ordinateur à la maison et encore moins d'une connexion à Internet. Rares aussi sont ceux qui avaient eu l'occasion d'en manipuler avant de venir à l'ECM.

4. Les ECM sont des lieux publics d'accès à Internet. Ils ont été créés en 1998 et sont soutenus par le Ministère de la Culture et de la Communication.

CONTEXTE D'USAGE ET USAGES EN CONTEXTE

La notion de « démocratisation » est au centre des politiques d'accès public à Internet en France, depuis que le Programme d'Action Gouvernemental pour la Société de l'Information (PAGSI) a été lancé en août 1997 par le premier ministre Lionel Jospin. Construite sur le modèle des politiques de promotion et de diffusion de la lecture, elle consiste à « créer les conditions d'une société de l'information pour tous »[5] et peut se traduire grossièrement par un double objectif : d'une part, favoriser le processus d'intégration sociale des TIC au sein des pratiques ordinaires des individus et d'autre part, orienter les usages vers l'accès à l'information et à la culture (Internet comme vecteur de connaissance autant que d'expression de soi). Ainsi, à l'instar des bibliothèques pour les livres, ont été instaurés de nombreux espaces d'accès visant à rendre disponible Internet au plus grand nombre, c'est-à-dire à réduire la « fracture numérique », en assurant le maillage de ces dispositifs sur le territoire, tout en proposant un accompagnement individuel ou collectif. Conformément à l'idéal de démocratisation, une attention particulière a été portée aux publics « jeunes », habitant les quartiers défavorisés[6].

En interrogeant les modalités par lesquelles ces jeunes accèdent, par l'intermédiaire de ces dispositifs, à une hypothétique « société de l'information », le chercheur ne peut pas ne pas rendre problématique, symétriquement, les principes à partir desquels sont pensés par ces politiques publiques non seulement ce à quoi elles veulent faire accéder, mais aussi les conditions matérielles et humaines qu'elles imposent à leur action. Aussi convient-il de poser un regard critique sur certains des présupposés les moins discutés que véhiculent les « discours d'accompagnement des TIC »[7], et en premier lieu celui qui ferait de l'avènement même d'une « société de l'information » une évidence. L'analyse sémiologique de la « matérialité signifiante » de cette expression, menée par Sarah Labelle à partir du site « internet.gouv.fr », montre bien à quel point cette dernière permet de désigner, à la manière d'une formule magique, « une entité supposée préexistante, en même temps qu'elle fait exister ce qu'elle est censée décrire »[8]. En se basant plus précisément sur le corpus des rapports officiels accessibles à partir de ce même site, nous avons cherché pour notre part à suivre transversalement la façon dont ces documents font apparaître la thématique de la « fracture numérique » et les habitudes discursives qu'ils convoquent pour en parler. À cet égard, la rhétorique omniprésente du « retard français » constitue un nouvel exemple frappant de cette forme de justification circulaire au nom de laquelle les politiques publiques s'engagent à « rattraper » ce que précisément elles participent à « définir ».

5. Pour plus de détails sur ce programme, voir le site interministériel : <http ://www.internet.gouv.fr>.

6. Voir en particulier le guide intitulé « Internet dans les quartiers », édité par le ministre délégué à la ville dans le gouvernement Jospin, Claude Bartelone : <http ://www.ville.gouv.fr/pdf/editions/internet-quartiers.pdf>.

7. Lire à ce propos le travail de déconstruction et d'éclaircissement de la notion de « Technologie de l'Information et de la Communication » proposé par Yves Jeanneret, « Autre chose qu'un discours, davantage qu'un accompagnement, mieux qu'une résistance », in *Terminal*, n° 85, 2001.

8. Ainsi passe-t-on « d'un effet de discours, dans le dire, à l'autoréalisation d'une idéologie, dans le faire ». Sarah Labelle, « La société de l'information, à décrypter ! », in *Communication & langages*, n° 128, juin 2001.

Prendre au sérieux les discours politiques sur la « société de l'information » ne signifie donc pas les prendre au pied de la lettre, mais les considérer comme constitutifs de la réalité publique d'un problème social[9]. Les expertises parlementaires ou sénatoriales évaluent la nature dudit « problème » et proposent des moyens pour y remédier. Ces rapports conduisent à préconiser un traitement moral de la « fracture numérique » : ils définissent la lutte contre les inégalités d'accès à Internet comme une condition de la vie démocratique, plus fondamentalement de la citoyenneté et de la dignité sociale. Ils induisent une « vision du futur »[10] qui, en vertu du « sens de l'histoire », promeut un « nouvel humanisme ». Les mythologies techniciennes entendent donner du sens à nos vies sociales et normalisent par là les valeurs et les pratiques auxquelles devront adhérer les « hommes numériques ». Ils désignent ainsi les populations considérées comme éloignées de la « société de l'information », auxquelles ces politiques prétendent s'adresser en priorité. Les termes « nouvel analphabète » ou le néologisme « illectronisme » sont là pour souligner les « handicaps » de tous ceux qui pêle-mêle, en raison de leurs anomalies physiques, leurs origines culturelles, de leurs parcours scolaires ou de leurs situations économiques et sociales, sont considérés comme étant les moins à même d'entrer dans la « société de l'information ».

L'expression « alphabétisation numérique » rappelle avec force que les technologies dont on parle convoquent l'écrit tout autant que la technique. Pour autant, elle ne permet pas de dissocier les formes du *savoir* lorsqu'il est engagé dans des registres aussi différents que l'« écriture », la « lecture » ou la « technique ». Non contente de laisser entendre que le savoir ainsi impliqué serait de nature homogène, elle indique en plus un niveau indéterminé d'apprentissage à atteindre. En pointant la place qu'occupe la pratique du *chat* dans la phase d'initiation à Internet des jeunes que nous avons rencontrés, nous voudrions mettre l'accent sur le processus par lequel les compétences que mobilise cette pratique deviennent *usage*.

La prise en main : les compétences sémiotechniques du *chatteur*

Les jeunes viennent d'abord à l'ECM dans l'idée de jouer avec un ordinateur. Les *chats*[11] sont généralement déjà connus de ceux qui s'inscrivent pour la première fois, même s'ils n'ont pas toujours eu l'occasion de les utiliser. Les médias et les conversations à l'école (où l'usage des *chats* est pourtant proscrit) ont eu vite fait de diffuser et de populariser ce mode de communication qui s'est

9. On trouvera une démarche analogue dans la construction de l'objet de recherche proposé par Bernard Lahire à propos de la fabrique de l'« illettrisme » par le mouvement ATD Quart-Monde. Bernard Lahire, *L'invention de l'« illettrisme »*, Paris, La découverte, 1999.

10. Lire à ce propos David Forest, « La société de l'information, entre visions du futur et imagerie technique », in *Communication & langages*, n° 134, décembre 2002.

11. Signalons que les *chats* dont nous parlons ici ne font pas partie du réseau Undernet accessible grâce à des logiciels spécifiques de type IRC ou ICQ. On doit pour une grande part la démocratisation de cet outil au fait que tous les grands portails d'accès à Internet offrent aujourd'hui des *chats* directement accessibles à partir de leurs pages web. Parmi ceux qui sont les plus usités par nos enquêtés, citons <caramail.com>, <tchache.com> ou encore <skyrock.com>.

rapidement intégré aux sociabilités juvéniles. Les *chats* et les jeux sur Internet occupent ainsi, dans un premier temps, une place importante dans les pratiques. Or les jeux sont moins directement maîtrisables sur Internet que les *chats* car ils nécessitent, avant même de pouvoir en faire usage, l'acquisition de quelques savoir-faire techniques, certes rudimentaires mais néanmoins indispensables, pour rendre opératoires les principes de la navigation et libérer ainsi le « geste de lire »[12] les pages web. Internet étant avant tout un média de l'écrit, il convient en effet de distinguer, même s'ils ne peuvent être disjoints dans la pratique, ses gestuelles techniques de ses actes de lectures. Comme nous allons le voir, agir *sur* et *avec* les fonctionnalités iconiques et textuelles du web, c'est en réalité déjà en interpréter le sens. Ainsi, même lorsque la première velléité en venant à l'ECM est de jouer sur Internet avec un ordinateur, les contraintes à la fois techniques et sémiotiques des médias informatisés rabattent cette ambition sur les *chats*. D'autant que les plus anciens placent les nouveaux inscrits à l'ECM directement devant ce type d'interface, de façon à ne pas être sans cesse interpellés pour résoudre les difficultés rencontrées fréquemment lors des premières navigations désorientées[13] sur le web. Pour la grande majorité de nos enquêtés, Internet est donc rapidement assimilé au *chat*, c'est-à-dire à un média de rencontre et de dialogue en direct, et envisagé comme une activité essentiellement ludique. Lors de la première inscription, les internautes néophytes sont pris en charge par des animateurs[14] qui leur font une présentation des modes opératoires d'utilisation du Web (applications des navigateurs, sites de recherche, écriture d'une adresse web, outils communicationnels). Cette initiation, nécessairement limitée dans le temps[15], varie en fonction des niveaux et des compétences de l'initié, mais aussi en fonction de la capacité didactique de l'initiateur. Les animateurs sont sans cesse contraints de réévaluer, à l'aune de leur propre subjectivité, les « modes d'emploi » qu'ils proposent aux publics débutants. Ceux-ci sont ensuite chargés de se débrouiller par eux-mêmes pour approfondir les connaissances transmises.

L'usage du *chat*, s'il est bien toléré au sein de l'ECM, reste appréhendé par ces animateurs avec une certaine ambivalence, teintée de suspicion. D'une part, ces animateurs, qui conçoivent pour la plupart leur rôle au sein de ces structures comme « pédagogique », souhaitent faire connaître aux usagers qu'ils initient toutes les facettes et les possibilités qu'offre ce média – et donc y compris le *chat*. D'autre part, du fait de son adoption massive dans les pratiques internautes de ces jeunes, du temps qu'ils y passent et du contenu jugé « puéril » ou « obscène » des conversations qui s'y déroulent, ils considèrent cet outil comme étant peu susceptible de s'inscrire en conformité avec leurs missions d'animation. Pour

12. Emmanuël Souchier, Yves Jeanneret, Joëlle Le Marec (dir.), *Lire, écrire, récrire. Objets, signes et pratiques des médias informatisés*, Paris, BPI, 2003, en particulier le chapitre II, « Formes observables, représentations et appropriation du texte de réseau ».

13. Pour une étude de ces phénomènes de *désorientation* éprouvée par des nouveaux utilisateurs d'Internet, voire Dominique Cotte, « L'approche néophyte de la page web. Ou "Mais où je clique là ?" », in *Les cahiers du numérique « La navigation »*, vol. 3, n° 3, Lavoisier, 2002.

14. L'ECM est animé par deux personnes. Sept animateurs se sont succédés depuis son ouverture en 1998.

15. Elle excède rarement deux séances d'une heure.

autant, l'engouement pour les *chats* semblant inéluctable, l'idée dominante est qu'il convient d'en accompagner l'usage. Tout se passe comme si les animateurs de l'ECM respectaient cette prescription d'une étude du Ministère de la Culture et de la Communication indiquant que « l'usage de ces outils n'est pas contradictoire avec les missions de l'ECM, à la condition que les animateurs et les responsables, non seulement prennent les mesures de surveillance et de contrôle qui éviteront les débordements, mais également soient capables d'inventer, autour de ces outils, des activités à finalités éducatives et culturelles »[16].

Mettre en application ces deux exigences ne va pas sans poser quelques problèmes. Face à des jeunes garçons turbulents, les mesures de contrôle trop ostensibles peuvent compromettre le calme de la salle. Dès lors, laisser les adolescents *chatter* peut se révéler une solution pour ramener le calme sans que l'animateur ait à endosser le rôle ingrat de surveillant. La tâche essentielle des animateurs consiste ensuite à nouer des relations avec chacun des jeunes. Les discussions informelles, les demandes de nouvelles, les interpellations ou les mises au point sont quotidiennes. Elles se déroulent toujours en dehors de la salle afin de préserver l'intimité des récits[17], mais aussi d'éviter que quiconque « perde la face ». Cette part centrale des activités des animateurs est rarement reconnue par l'institution qui les recrute (elle peut même parfois lui paraître suspecte en ce qu'elle est assimilée à de l'inactivité). Il reste que sans l'instauration de ce lien privilégié, les animateurs éprouvent toutes les difficultés à convaincre les jeunes de participer aux divers ateliers qu'ils organisent, quand bien même ils y incluent l'usage des *chats*[18].

Dans la panoplie formelle des ressources pédagogiques dont ils disposent, les animateurs tentent – souvent désespérément – d'imposer l'usage de cédéroms de types « ludoéducatifs » aux jeunes. Mais le marquage « scolaire » dont souffrent ces cédéroms n'a pas vraiment vocation à les faire adopter par ces adolescents, qui vivent tous un rapport plus ou moins conflictuel avec l'école et les valeurs livresques qu'elle véhicule. Il en va bien sûr tout autrement de l'étiquetage qui labellise positivement les *chats*, du moins au début de la pratique. C'est ce que les animateurs admettent lorsqu'ils intègrent les *chats* à la fin des programmes d'initiation à Internet ou en fin d'atelier de manière à récompenser les bonnes volontés. En outre, les animateurs sont rarement sollicités par les jeunes pour venir résoudre leurs difficultés à naviguer sur le net. Le rapport pédagogique intrinsèque à l'initiation constitue une barrière symbolique à franchir car elle induit, aux dires de l'un d'eux, la « peur de déranger ». Mais plus encore, la coprésence dans la salle multimédia rend publique toute demande d'aide exposant l'incapacité à se

16. Serge Pouts-Lajus et Sophie Tiévant, *Usages individuels en accès libre*, 1999, p. 13. Site du ministère de la Culture et de la Communication [en ligne rubrique « Études Thématiques »] : <http :// www.ecm.culture.gouv.fr>.

17. Ces conversations tournent autour des situations familiales, des événements scolaires, de la vie de quartier ou encore des ennuis éventuels avec la police.

18. Ces ateliers sont généralement organisés en collaboration avec des artistes en résidence à la Friche. Par exemple : atelier d'écriture, vidéo, graphisme, etc. Ils peuvent aussi consister à organiser des « rencontres virtuelles » avec des jeunes d'un autre ECM situé ailleurs en France, autour d'un thème préalablement défini par les animateurs.

débrouiller. Le *souci d'autonomie*[19] des jeunes qui fréquentent l'ECM est alors une des clés de compréhension des processus qui les conduisent à découvrir Internet par eux-mêmes.

La plupart du temps, les usages du *chat* sont par contre marqués par le contrôle et les approbations des pairs, ce que renforce la disposition des ordinateurs à l'intérieur de la salle. Les postes étant placés le long des murs, les écrans sont visibles par tous. Les ordinateurs sont occupés à deux ou à trois et la salle est arpentée par les adolescents qui vont d'un ordinateur à l'autre. Les conversations concernent essentiellement les *chats* et ce qui est en train de s'y dérouler. Tout nouvel « événement » à l'intérieur de ces écrans suscite la curiosité et les interrogations des autres, de sorte que les jeunes se conseillent, s'interdisent ou s'encouragent et finalement opèrent non seulement des transmissions de « savoir-dire », mais aussi de savoir-faire entre eux, davantage par monstration accompagnée d'expressions performatives (« fais ça ! ») que par l'explication des procédures à suivre.

La pratique intensive du *chat* est donc une sorte d'« entraînement » qui routinise, d'autant mieux qu'il s'ignore, la familiarisation avec l'organisation sémiotique du web (interface graphique et textuelle), l'habituation technique à en manipuler les « signes passeurs »[20] (menus, icônes, boutons et flèches de navigation, liens hypertextes), ainsi que l'utilisation des objets périphériques (disque dur, écran, clavier, souris). Les observations laissent apparaître par exemple la façon dont la manipulation des *chats* aide à se doter d'une compétence dactylographique. D'autre part, faire usage d'un *chat* à partir d'une page web exige un ensemble de compétences qui outrepassent de loin la simple compréhension des conversations écrites. Il implique *a minima* la re-connaissance des zones « textielles » à partir desquelles s'élaborent les pratiques d'écriture sur le web et qui ordonnent la lecture des « écrits d'écran » comme des « textes de réseaux »[21]. Le *chat* peut ainsi être vu comme un « artefact cognitif » qui permet l'acquisition de compétences sémiotechniques subordonnées chez l'internaute néophyte à l'acquisition d'une *culture textuelle et iconique.* Celle-ci autorise en retour l'interprétation et la compréhension des conventions manipulatoire et langagière, multiples et variables, qui permettent le « surf ».

Autour des *chats* s'élabore donc tout un arsenal subjectif d'apprivoisement de l'environnement sémio-technique des médias informatisés, à partir duquel ce dernier se laisse saisir. Les approches pragmatiques de la perception ont mis en évidence la notion de « prise » – sorte de signifié non conventionnel – dont la saisie dans un environnement extérieur se fait à partir des « plis » – sorte de

19. Ce *souci d'autonomie* doit être mis en rapport avec les valeurs d'« honneur » et de « réputation » qui fondent le sentiment d'appartenance au groupe de pairs dans la sociabilité des jeunes en milieu populaire. David Lepoutre, *Cœur de banlieue. Codes, rites et langages*, Paris, Éditions Odile Jacob, 1997.

20. Comme le soulignent les auteurs de cette notion, « ces signes n'assurent pas seulement une fonction instrumentale permettant de "circuler" dans le texte lui-même, mais présentent également une fonction sémiotique qui renvoie à plusieurs niveaux de significations » (Emmanuël Souchier, Yves Jeanneret, Joëlle Le Marec (dir.), *op. cit.*, p. 23).

21. *Ibid.*

signifiants flottants – logés dans sa matérialité[22]. Cette notion offre des perspectives pour décrire les processus d'apprentissages et d'appropriation d'Internet en ce qu'elle permet de dégager, à la manière d'un grimpeur escaladant un rocher, des *styles* d'usages – et de les différencier selon les individus indépendamment de leurs origines sociales – qui orientent la progression tout en facilitant l'autonomie. Ainsi, à condition socioculturelle similaire, les jeunes des milieux populaires qui se rendent à l'ECM n'auront pas les mêmes carrières d'internautes.

Il reste que la phase d'initiation et d'ajustement identifiée à partir du *chat*, que nous pensons primordiale et que nous qualifions ici de *prise en main*, ne saurait être envisagée en dehors de la *mise à l'épreuve* qui la fait juger « moralement »[23]. Les jugements verbaux portés par des tiers (reproches, dénigrement, défis, encouragements, moquerie, etc.) dans l'espace physique de l'ECM sont de nature à influencer les manières de « faire » et de « dire » de ces jeunes dans les espaces électroniques des *chats*. Corrélativement, les validations ou les réprobations symboliques qu'ils en retirent lorsqu'ils sont placés sous le regard de la critique inclinent l'orientation de leurs usages vers une progression plus conforme aux attendus des « arènes des habiletés techniques »[24] et conversationnelles dans lesquelles ils sont plongés.

La mise à l'épreuve : les compétences sociolinguistiques du *chatteur*

Si *chatter*, en paraphrasant Austin, c'est faire, il ne faudrait toutefois pas perdre de vue ce qui se dit. À première vue en effet, l'activité principale des *chats* consiste bien – puisque le registre employé par nos enquêtés pour la décrire reste celui de l'oralité – à « tchatcher » et s'apparente par là à de l'oral spontané ordinaire. Il reste que le dispositif des *chats* consiste en des interactions écrites. Il convient aussi de prendre en compte les limites dues au format technique et graphique de ces applications. Toutes les recherches empiriques sur le *chat* soulignent que ces espaces interactionnels font en quelque sorte « écran » – en ce qu'ils sont précisément médiatisés par des écrans d'ordinateur – aux fonctions paralinguistiques de la co-présence physique (gestuel, regard, expression du visage, etc.) lors de la conversation en face-à-face et se caractérisent de ce fait par une plus grande « désinhibition »[25]. Sur les *chats*, les participants sont forcés d'user des artifices graphiques pour signifier aux autres non seulement leur présence derrière l'écran, mais aussi leur participation à la conversation[26]. Là où le sens commun voit dans les styles télégraphiques ou quasi-phonétiques des phrasés syncopés en vigueur dans la langue écrite des *chats* l'indice d'une

22. Christian Bessy et Francis Chateaureynaud, *Experts et faussaires. Pour une sociologie de la perception*, Paris, Métailié, 1995.

23. Luc Boltanski a proposé de concevoir ce jugement moral à partir des épreuves d'« amour » et de « justice » (Luc Boltanski, *L'amour et la justice comme compétences*, Paris, Métailié, 1990).

24. Nicolas Dodier, *Les hommes et les machines. La conscience collective dans les sociétés technicisées*, Paris, Métailié, 1995.

25. Par exemple Nicolas Auray, *Politiques de l'informatique et de l'information : les pionniers de la nouvelle frontière électronique*, Thèse de doctorat, EHESS, 2000, p. 96.

26. Cette contrainte propre au *chat* induit par ailleurs une gestion particulière de la *durée* des attentes qui produit, dans le rapport spécifique au temps qu'instaure ce dispositif, une injonction à la réponse quasi instantanée.

dégénérescence de la langue parlée, il convient au contraire de saisir leur portée dans des espaces sociaux « situés » afin de comprendre la manière dont elles cohabitent. À partir de là, il devient possible d'envisager les formes langagières des *chats* en termes de compétences sociolinguistiques[27].

Pour nos enquêtés, les compétences s'inscrivent dans le cours de leurs activités quotidiennes. À ce titre, la « drague » et la « vanne » constituent des cadres généraux à l'intérieur desquels est testée leur efficacité, confrontée à l'appréciation des publics de l'ECM et des *chats*. Dans ces « arènes conversationnelles », les commentaires et les habiletés à converser sont propices à susciter des opérations d'autoévaluation. De plus, « drague » et « vanne » procèdent d'un mode agonistique qui débouche sur l'appréciation d'un succès ou d'un échec. C'est dans ces « épreuves » que les jeunes puisent les estimations qui vont infléchir leurs pratiques internautes, ici dans le sens d'une désaffection pour ces formes de *chats*.

Les arènes conversationnelles de la « drague »

En dehors des *chats*, peu d'occasions sont données aux jeunes de l'ECM d'interagir avec des filles sur un mode affectif. L'espace scolaire, l'espace du quartier, tout comme l'espace de l'ECM, ont en commun une très forte territorialisation par tranches d'âges, mais aussi et surtout par genres[28]. Tout dépassement de ces frontières symboliques est susceptible de se voir sanctionné par des quolibets. La drague est certes le premier motif invoqué par nos enquêtés pour justifier leurs usages des *chats*, mais cette activité n'est jamais décrite comme une entreprise « sérieuse » : elle se conçoit publiquement davantage comme une occasion de « rigoler ». Aussi est-il de rigueur de ne jamais faire montre d'une quelconque sensiblerie qui laisserait présager que l'on souhaiterait réellement entreprendre une relation sentimentale – celle-ci ne pourrait d'ailleurs advenir qu'avec une fille « bien », une fille qui ne s'adonnerait pas au *chat*. Cela se traduit par une forme agressive de drague qui se caractérise par l'usage d'un vocabulaire particulièrement fruste à l'encontre des interlocutrices[29]. Le registre de l'émotion amoureuse est d'autant plus proscrit que de temps à autres, certains de ces jeunes s'amusent à se faire passer pour une fille à l'insu des camarades présents pour entrer en contact avec eux par *chat*. Ce jeu de travestissement peut être poussé assez loin puisqu'il a donné lieu à l'organisation de rendez-vous factices où les souffre-douleur désignés étaient attendus, à défaut d'une dulcinée potentielle, par les humiliations que leurs camarades avaient soigneusement préparées. Depuis lors,

27. La compétence sociolinguistique désigne ici la connaissance tacite de la structure de la langue qui permet à un *chatteur* d'écrire en situation des actes de discours pertinents.

28. Quelques précisions doivent être apportées ici concernant la faible fréquentation de l'ECM par les filles. Si quelques unes sont venues à l'ECM lors de son ouverture, elles ont par la suite délaissé ce lieu. Les informations que nous avons pu recueillir à ce propos indiquent que les filles de la Belle de Mai, lorsqu'elles se rendent dans des lieux d'accès à Internet, privilégient les cybercafés, certes payants mais situés loin du quartier, échappant ainsi aux « qu'en dira-t-on ». Inversement, les quelques filles qui se rendent aujourd'hui à l'ECM proviennent généralement d'autres quartiers de la ville, évitant ainsi une rencontre éventuelle avec un garçon de leur connaissance.

29. L'emploi de ce type de langage à l'encontre des filles n'est pourtant pas si commun dans le cadre de la vie quotidienne de ces garçons pour qui la « responsabilité masculine de l'honneur féminin » constitue bien, comme le souligne David Lepoutre, une question de réputation (David Lepoutre, *op. cit.*, p. 283).

toute relation engagée avec une fille sur un *chat* induit une vérification préalable pour s'assurer qu'il ne s'agit pas là d'une nouvelle plaisanterie.

Pourtant, en privé, ces adolescents continuent à nourrir l'espoir de faire une rencontre amoureuse idéale, en conformité d'ailleurs avec la croyance largement répandue qui fonde la *raison sémiotique* de ce dispositif. Aussi est-il de mise lorsque l'on souhaite engager des conversations durables avec une même fille sur un *chat* de se préserver, autant que faire se peut, du regard des autres. Cette forme plus paisible de drague, qui se distingue de la forme agressive en ce qu'elle préserve les conditions de possibilité d'une rencontre effective, ne peut donc advenir que lorsque l'un de ces jeunes se trouve seul, ou accompagné par des amis de confiance. Les *chats* sont alors perçus comme une aubaine en ce qu'ils leur permettent, pensent-ils, d'échapper à la « tyrannie des apparences »[30], et plus particulièrement ici au stigmate que produit leur assimilation aux « quartiers nord » de Marseille. Les tentatives de drague sur les *chats* peuvent être vues comme autant d'occasions de confronter et d'évaluer la valeur de leurs identités sociales et culturelles sur le marché des « identités narratives »[31] qui s'élaborent au cours des interactions écrites. L'énonciation réflexive de ces jeunes *chatteurs* repose ici sur la mise à l'épreuve de ce que l'on pourrait appeler, à la suite de Julia Velkovska, des « typifications de soi »[32] (pseudonymes, description de soi, profils et indicateurs divers). Le choix et la mise en scène de ces indices portés à la vue des autres participants dépendent des espaces prévus à cet effet par les *chats*, mais ils reposent aussi sur le degré de compétences sociolinguistiques des *chatteurs* grâce auxquelles ils écrivent et donnent à lire leur « moi textuel »[33].

La maîtrise de ce type de compétence est cardinale pour identifier qui dit quoi, mais aussi qui parle avec qui. Les échanges réunissent souvent plusieurs dizaines de participants qui lâchent tour à tour des bribes de phrases à la « cantonade », souvent sans signification particulière apparente, ou plutôt à destination de ceux qui ont la compétence pour en déchiffrer le sens. Se mêlent à ce « bruit » de fond des échanges entre sous-groupes de participants qui, pour une raison ou pour une autre[34], rendent publics leurs « apartés ». Le premier niveau de compétence consiste certainement à savoir restituer, à partir du défilement dynamique sur l'écran de ces quasi-phrases, l'unité prototypique de la conversation en ligne qui permettra par la suite d'identifier ce

30. Dominique Pasquier, *Cultures Lycéennes. La tyrannie de la majorité*, Paris, Autrement, 2005, p. 141.

31. La notion d'« identité narrative » est développée par Paul Ricoeur, *Soi-même comme un autre*, Paris, Le Seuil, 1990. Sa valeur heuristique n'est bien évidemment pas propre au contexte des *chats*. Pour un autre usage de cette notion, voir Emmanuel Ethis, *Pour une po(ï)étique du questionnaire en sociologie de la culture*, Paris, L'Harmattan, 2004.

32. Julia Velkovska, « L'intimité anonyme dans les conversations électroniques sur les *webchats* », in *Sociologie du travail*, vol. XLIV, n° 2, 2002.

33. Goffman définit le « moi textuel » comme faisant référence au « sens de la personne qui paraît se tenir derrière les énoncés textuels et leur confère au passage leur autorité ». Erving Goffman, *Façons de parler*, Paris, Éditions de Minuit, 1987, p. 180.

34. Nos observations nous font penser que les apartés qui restent en public, alors que la possibilité est donnée sur les *chats* de créer un salon privé, abordent généralement un sujet à vocation générale. De sorte que ces apartés peuvent aussi s'interpréter comme une stratégie discursive visant à interpeller les autres participants sans avoir à s'adresser directement à eux.

même mode opératoire sur des *chats* configurés différemment – et par conséquent à savoir s'y ajuster.

Sur les *chats*, comme ailleurs, l'énonciation se niche dans les tours de parole. Comme le souligne Goffman, « lorsque la communication ou les convenances sociales s'effondrent soudain au cours d'une conversation, on s'efforce le plus souvent de remettre les choses en ordre. C'est alors que ce qui fonctionne d'ordinaire comme de simples contraintes sur l'action devient le but même de cette action »[35]. Aussi n'est-il pas rare que les *chatteurs*, pour colorer l'humeur de leurs énonciations, aient littéralement recours aux ressources sémiotiques de la couleur, de la typographie et de la taille des caractères ; et ce afin de rendre leurs messages plus visibles dans les tours de parole, mais aussi pour y rajouter une dimension « expressive ». À cet égard, l'usage des « smileys »[36] est particulièrement éloquent. Cohabitent aussi dans l'écriture expressive des *chats*, des codes et des abréviations de toutes sortes[37] qui, s'ils peuvent varier selon les inspirations de chacun, tendent malgré tout à s'institutionnaliser dans les échanges rituels. Ainsi, les salutations qui servent à ouvrir les dialogues[38], les onomatopées empruntées à la culture BD, l'usage répété des syllabogrammes (« c t bien ? »), les mots à rallonges évoquant la prosodie (« cooool »), ou encore les versions écrites des exclamations ou des interjections (« yep », « ouais ») constituent des conventions largement partagées par tout *chatteur* quelque peu aguerri. Ces conventions peuvent ensuite faire l'objet de multiples réagencements plus stylistiques, en fonction des ressources langagières dont disposent les individus, et des variations locales dans lesquelles elles s'insèrent[39].

Il reste que ces compétences concernent aussi la connaissance globale de la langue. Aussi est-il utile de préciser la place accordée à ce type de compétences au sein des rapports sociaux plus larges que ceux qui se jouent à l'intérieur de ces *chats*. Les rapports entre compétences sociolinguistiques et normes littéraires ne sont pas toujours bien objectivés par ces jeunes, ce qui peut se traduire par une difficulté à masquer, face à un interlocuteur perspicace, les stigmates accolés aux « jeunes des quartiers ». Déjà peu légitime sur le plan scolaire, le parler de ces adolescents est exposé à une insécurité accrue sur les *chats*, où la *souplesse communicative* apparente du « parler-écrit » n'en demeure pas moins conventionnelle. Si le *chat* garantit bien leur anonymat, il ne leur permet pas de masquer leur (in)compétence sociolinguistique et leur maladresse dans la variation des registres. Les pseudonymes qu'ils choisissent pour attirer l'attention sur eux

35. Erving Goffman, *op. cit.*, p. 32.

36. Ou « émoticons ». Il s'agit de petites figures graphiques construites à partir des lettres de ponctuation. Lues en format italien, elles évoquent les expressions du visage et indiquent l'état d'esprit du *chatteur* (par exemple :-) pour ☺). La très grande variété de ces figures étant presque à la mesure de la gamme de variation des humeurs humaines, leur maîtrise pourrait compter comme une compétence à part entière. À noter que la plupart des *chats* mettent aujourd'hui à disposition de leurs utilisateurs une gamme variée de ces petites figures, fixes ou animées, prêtes à l'emploi.

37. Par exemple, MDR pour « Mort De Rire »,

38. Par exemple ASV, pour la question « Âge, Sexe, Ville ? ».

39. Voir à ce propos Isabelle Pierozak, « Le "français tchaté" : un objet à géométrie variable ? », in *Langage & Société*, n° 104, juin 2003.

(« Charmeur », « Séducteur », « BoGoss », etc.) témoignent d'un excès de littéralité qui peut être fatal sur les *chats*, où le double sens, l'allusion, l'insinuation sont autant de règles implicites qui font, à la manière du bal masqué, le « piment » de la drague en ligne.

Pour produire ces *jeux de langage* sur un *chat*, il faut connaître les conventions de l'écriture expressive, mais aussi les incorporer avec subtilité dans les *jeux de mots* en faisant alterner ce que Bourdieu nomme l'« hypercorrection » et l'« hypocorrection »[40]. La drague sur les *chats*, considérée ici en ce qu'elle vise bien par l'écrit une rencontre des esprits comme condition préalable à la rencontre effective, n'échappe pas aux présuppositions sociales qu'implique le choix des mots et des figures de style. Au fil des conversations, les identités narratives de ces jeunes (et le moi textuel qui va avec) vont être confrontées aux informations qu'ils ont données (âge, sexe, ville), mais aussi aux marqueurs stylistiques de leurs écrits, autorisant des hypothèses sur l'identité sociale. Ils sont donc jugés par leurs interlocuteurs sur leur performance écrite à alterner les codes, à la manière de réagir aux questions posées et de décrire ce qu'ils sont. Les transpositions écrites et phonétiques du parler vernaculaire de nos enquêtés peuvent, de ce fait, elles aussi faire l'objet de stigmatisation sur les *chats* : la conséquence en est qu'ils voient parfois – souvent – leurs interlocuteurs couper court à la conversation ou se trouvent eux-mêmes à court d'inspiration.

Comme c'est le cas dans toute assemblée, rien n'est plus désagréable sur un *chat* que de s'y retrouver sans avoir personne avec qui parler, et donc de n'avoir rien à y faire. À ce titre, un cas extrême mérite d'être mentionné. Ne trouvant personne qui acceptât de converser avec lui parmi les individus présents sur le *chat* où il s'était connecté, un jeune prit la décision de créer, à partir de deux ordinateurs, deux pseudonymes différents et de simuler un dialogue sur le canal central entre ces deux personnages fictifs. Cette parade lui permit, jusqu'à ce qu'il soit découvert par un animateur, de maintenir vis-à-vis des personnes présentes sur le *chat*, comme dans l'ECM, son statut présumé de *chatteur* compétent. L'aspect tragi-comique de cette anecdote souligne les difficultés réelles que peuvent rencontrer ces jeunes pour instaurer une communication avec d'autres *chatteurs*. Comme le précise encore Goffman, « parler tout seul, c'est engendrer l'effectif complet des deux rôles de la communication – le locuteur et l'auditeur – en l'absence d'un effectif complet d'acteurs pour ces rôles »[41]. Ne trouvant donc aucun acteur pour jouer les rôles induits par le moi textuel de ses messages écrits, cet adolescent avait pris l'option décrite pour tenter de sauver les apparences.

Il reste que *chatter*, c'est toujours d'une certaine manière s'imaginer un autre semblable à soi-même. Même lorsque certaines des conventions sont acquises dans le temps, au cours des fréquentations assidues du *chat*, le travail de figuration consistant à interpeller des participant(e)s tout en maintenant les modes d'énonciation jugés efficaces pour y parvenir repose encore sur ce que l'on pourrait appeler, en paraphrasant Emmanuel Ethis, une poïétique du *chat*. Si les interactions écrites permettent effectivement de se faire une idée de l'identité

40. Pierre Bourdieu, « Ce que parler veut dire », in *Questions de sociologie*, Paris, Éditions de Minuit, 2002.

41. Erving Goffman, *op. cit.*, p. 87.

vraisemblable des interlocuteurs présents derrière les écrans, leurs identités narratives déroulent un mode qui – comme toute narration – est inévitablement fictionnel. Leur *poétique* repose donc aussi sur la part d'imaginaire que l'on consent à y investir. Mais au même titre que le questionnaire, le *chat* est aussi un dispositif qui « fait symboliser » l'image de l'autre comme celle que l'on se fait de soi. Cette poïétique du *chat*, qui « enclenche une ouverture sur soi et sur le monde imaginé de chacun »[42], prend corps dans une communication sociale singulière qui, ici comme ailleurs, « peut autant éloigner que rapprocher ceux qui en sont les acteurs »[43]. Lorsque certains des plus aguerris de nos enquêtés font l'expérience d'une rencontre effective avec une jeune fille, suite à un rendez-vous pris sur un *chat*, celle-ci est invariablement issue des mêmes origines sociales. Cette rencontre est généralement vécue sur le mode de la déception. Cet échec reposerait sur la découverte de « mensonges » proférés par ces jeunes filles lors du dialogue en ligne. La thématique du « mensonge » est en effet convoquée de manière récurrente par ceux qui *chattent* depuis un certain temps. Elle est opposée à leur désir d'« authenticité » des rapports humains. Ces supposés mensonges relèvent en fait de la manipulation de son identité telle que la pratiquent aussi ces jeunes en modifiant leurs âges, leurs qualités physiques, etc. En outre leur déception repose sur le mode de sociabilité qu'ils entretiennent durant cette période de l'adolescence avec le genre féminin et leurs difficultés à entretenir une relation durable avec lui. L'expérience de la rencontre produit ainsi une méfiance accrue envers les propos tenus par les interlocuteurs sur les *chats* et, pour les interviewés les plus âgés (16/18 ans), la drague sur les *chats* est perçue comme une pratique inefficace et puérile. La déception face à l'échec de la drague, comme plus largement leurs difficultés à entrer en relation *via* les *chats*, conduit ces jeunes à désinvestir peu à peu cette pratique.

Les arènes conversationnelles de la « vanne »

Pour nos enquêtés, faire usage des *chats* constitue une mise à l'épreuve des modes d'énonciation de soi (cette phase pouvant conduire à l'arrêt de la pratique de la drague sur les *chats*, ou du moins à adopter un principe de précaution basé sur la méfiance). Toutefois, les difficultés éprouvées pour définir les « bons » marqueurs stylistiques de son identité narrative ne se vivent pas uniquement dans un rapport individualisé au *chat*. Il faut aussi prendre en compte dans l'analyse la dimension collective qui façonne les processus d'appropriation de cette pratique. Or la singularité des ECM repose précisément sur leur dimension « collective ». L'encadrement des usages d'Internet selon les modalités que nous avons évoquées dans la deuxième partie (contrôle, surveillance, négociation) est de nature lui aussi à faire évoluer les registres de la pratique du *chat*. Mais ces mesures n'agissent pas directement sur les jeunes qui viennent à l'ECM : elles sont court-circuitées par les logiques et les valeurs communes auxquelles ils adhèrent. Les effets de groupe observables dans l'ECM orientent notamment les usages du *chat* vers l'invention d'un autre jeu que celui du travestissement qui a été décrit précédemment. Il consiste à se réunir dans l'ECM entre copains du quartier, à annexer le plus grand

42. Emmanuel Ethis, *op. cit.*, p. 69.

43. *Ibid.*, p. 26.

nombre d'ordinateurs, à se connecter sur un *chat*, à se concerter sur une « cible »[44] et à fondre à plusieurs sur elle afin de la couvrir d'insultes en tout genre.

Cet usage agressif du *chat* ne doit pas être envisagé simplement comme une prolongation de la longue liste des incivilités attribuées communément à ces jeunes de quartier. Il s'inscrit aussi dans le cadre des « joutes oratoires », bien connues des sociolinguistes, par lesquelles les jeunes des classes populaires s'échangent sur le ton de la plaisanterie des « insultes rituelles »[45]. Labov opère une distinction éclairante entre « insulte » et « vanne » en ce qu'elles instaurent toutes deux un rapport différent au réel, et dans ses principes, et dans ses conséquences. Alors que l'insulte consiste en une offense verbale visant à atteindre l'intégrité de celui à qui elle est adressée, la vanne consiste, quant à elle, sur un mode à première vue tout aussi virulent, à accroître la réputation de celui qui l'a énoncée auprès de ses pairs. Les moqueries acerbes sont très fréquentes dans les interactions verbales quotidiennes des jeunes qui viennent à l'ECM. Ces vannes sont aussi adressées, sur un mode ludique, comme des clins d'œil réparateurs ou des mises au défi symboliques aux autres usagers de l'ECM, ainsi qu'aux animateurs (sans que l'enquêteur ne soit bien sûr oublié).

Sur les *chats*, si ces échanges sont écrits, la véhémence des propos n'en demeure pas moins réelle. On pourrait même considérer, à l'aune des vannes ordinaires qui ont cours dans l'ECM, que les offenses qui y sont professées s'apparentent bien à des insultes gratuites (et non rituelles). De fait, les messages sont particulièrement violents et grossiers. Cette virulence est autorisée par la configuration même des *chats* : les interactants n'étant pas en situation de co-présence, aucune riposte physique n'est ici à craindre. Quand bien même, elles conduisent généralement à des échauffourées verbales avec le participant qui prend le parti d'y répondre. Ces relances traduisent la compétence sociolinguistique des *chatteurs* qui se prêtent au jeu et qui par là, ont bien compris l'enjeu ludique qu'implique le fait de répondre. Labov nous éclaire encore sur ce point en indiquant que l'insulte personnelle se distingue de l'insulte rituelle en ce qu'elle n'est pas suivie d'une dénégation, d'une excuse ou d'une atténuation, mais d'une réponse qui se calque sur l'insulte qui l'a précédée et qui en appelle une nouvelle. À partir de là, deux cas de figures se présentent : soit l'internaute reste seul face à ses assaillants, soit – comme il arrive plus fréquemment – il se fait aider par d'autres participants. C'est alors que l'on assiste à la création de « solidarités agonistiques »[46] sur les *chats* lorsque celui qui subit un affront suscite une certaine forme de compassion des autres participants, qui se constituent alors en communauté éphémère de défense[47].

44. La « cible » est en général un internaute qui a eu l'outrecuidance de s'indigner trop ostensiblement des propos insultants dont il a fait l'objet auparavant.

45. William Labov, *Le parler ordinaire. La langue des ghettos noirs des États-Unis*, Paris, Éditions de Minuit, 1978.

46. David Lepoutre, *op. cit.*, p. 233.

47. À noter que les *chats* que fréquentent ces jeunes ne sont pas surveillés par des modérateurs, ce qui les préserve d'être « bannis » des salons après avoir professé leurs insultes. On peut voir dans les communautés de défense une forme improvisée de régulation sociale des échanges sur ces *chats*.

Dans le premier cas, les assauts verbaux portés simultanément par le groupe ne sont pas équitables et conduisent généralement la victime désignée à quitter le salon du *chat* pour un temps (même s'il est probable qu'elle y revienne dans la seconde qui suit sous un autre pseudonyme). Cette finalité semble constituer le premier but à atteindre car elle est saluée avec enthousiasme. Labov souligne bien que « l'une des différences les plus importantes entre l'échange de vannes et les autres actes de parole est que, dans la plupart des cas, les vannes se voient aussitôt et sont ouvertement évaluées par le public »[48]. L'exaltation bruyante que cette activité suscite chez les joueurs montre que les offenses manifestées sur les *chats* représentent des sortes de « vannes référencées »[49] qui sont indirectement, c'est-à-dire par l'intermédiaire de l'individu qui en subit le désagrément, portées à l'attention et aux jugements approbateurs des pairs présents dans l'ECM.

Mais il arrive aussi que les provocations professées par les jeunes se retournent contre eux, lorsque par exemple l'un d'eux se rend en solitaire sur un des *chats* où lui et ses copains ont pris leurs habitudes, et qu'il y est alors reconnu par des participants précédemment agressés. Ces affrontements verbaux répétés participent ainsi à la création d'« histoires », sans début ni fin, qui font rentrer inéluctablement nos enquêtés dans un cercle de vengeance. Bien sûr, tout ceci ne va pas sans faire écho au « climat de violence », révélé dans les entretiens, qui imprègne ordinairement les relations entre quartiers, entre voisins, ou même entre pairs. Mais il faut aussi y voir une forme de « défouloir » qui « transpose dans l'univers d'Internet certains modes d'interactions caractéristiques des classes ouvrières, et plus particulièrement de celles issues de l'immigration »[50]. On passe ainsi ici de la violence physique propre à la « culture des rues »[51] à celle moins périlleuse, mais symboliquement tout aussi brutale, de la performance verbale sur les *chats*. Les pseudonymes choisis pour l'occasion évoquent sans détour le capital guerrier (« BadBoyDeMars », « EnGraiNeuR ») ou l'appartenance marseillaise (« ZizoudeMars », « OmTroPuissant ») confirmant ainsi que la ville de Marseille, et plus encore son équipe de football, constituent pour ces jeunes une armoirie de référence. C'est ainsi que se sont instaurés les rendez-vous hebdomadaires du mercredi après-midi où les jeunes venaient spécialement en groupe pour y retrouver sur les *chats* des bandes rivales supposées être situées à Paris et supportrices de son club de football le PSG. Durant de longs et difficiles mois pour les animateurs, l'ECM s'est transformé chaque semaine en base arrière de ces « guerres territoriales »[52] auxquelles se livrent les adolescents sur les *chats*. Il devenait aussi le théâtre, après chaque bataille, de multiples commentaires professés sur le mode de l'épopée de façon à pouvoir en célébrer ses héros.

Lors des échauffourées verbales, les batailles rangées n'impliquent pas tous les participants du *chat*. Ceux qui y assistent sans y être engagés réagissent, commentent

48. William Labov, *op. cit.*, p. 255.

49. David Lepoutre, *op. cit.*, p. 146.

50. Dominique Pasquier, *op. cit.*, p. 139.

51. David Lepoutre, *op. cit.*

52. Madeleine Pastinelli, « Ethnographie d'une délocalisation virtuelle. Le rapport à l'espace des internautes dans les canaux "chat" », in *Terminal*, n° 79, 1999.

ou encore s'indignent de la teneur des propos et de l'occupation abusive de l'espace. Ces « conflits discursifs » peuvent entraîner des conflits de normes, de sorte que tous les *chatteurs* font l'expérience à un moment ou à un autre des diverses formes de malaise induites par ce type d'interactions écrites[53]. Parmi celles-ci, la perturbation du flux des échanges est la moins tolérée en ce que l'espace alloué au tour de parole sur les *chats* compte comme « temps » de parole. Il revient dès lors à tous les participants de respecter la territorialité des temps de parole de chacun pour préserver et rendre acceptable l'ordre des interactions sur le *chat*. Ce faisant, chacun témoigne de la maîtrise de soi et du respect des autres sans lesquels aucune entente – au sens communicationnel – n'est rendue possible. Le jeu des insultes rituelles fait paradoxalement de nos enquêtés des praticiens particulièrement alertes en matière de prévention de tout ce qui peut exprimer une offense. Les blâmes qu'ils suscitent de la part des autres *chatteurs* sont enclins à favoriser l'acquisition d'une compétence sociolinguistique reposant sur ce qu'Isaac Joseph nomme le *principe de la pire interprétation*[54]. Dans l'univers des *chats* propice aux incompréhensions, si la tolérance est plus grande vis-à-vis de ce qui pourrait s'apparenter à une offense, l'accord tacite d'une communication viable ne repose pas moins sur l'attribution d'intentions décelables non seulement dans l'expressivité des écrits, mais aussi dans la manière de fragmenter le discours à partir d'envois successifs. Les jeunes qui sont jugés sur cette compétence apprennent ainsi à juger à leur tour de ce qui rend, ou non, socialement acceptable une interaction écrite sur un *chat*.

Fréquemment alertés par l'agitation suscitée par ces pratiques ou par les plaintes des autres usagers, les animateurs ont été contraints de durcir les règles, en réservant l'accès à la salle aux jeunes munis de leur carte, en instaurant un plafond de temps et par un règlement intérieur. Ils ont aussi instauré des règles comportementales (obligation de saluer, interdiction de boire, manger, fumer ou de crier). Pour plus de sécurité, ils ont enfin pris l'habitude de se connecter aux mêmes *chats* que les jeunes pour s'assurer de temps à autre de la bonne tenue des conversations. Mais devant le déluge des infractions constatées, ils ont été amenés à convertir leur « répression » en « prévention », fondée sur l'ironie. Ces *correctifs comiques* visent à désamorcer en douceur l'estime que les jeunes accordent à cette pratique en tournant en ridicule ceux qui s'y adonnent. Dans le même esprit de caricature qui imprègne les joutes verbales, ils soulignent par des plaisanteries désobligeantes le caractère immature de cette utilisation des *chats*. Ces jugements, peu à peu intégrés par les jeunes, participent au renoncement et à l'abandon progressif des « insultes rituelles ».

53. Ce qu'on appelle communément la « netiquette » constitue autant de tentatives visant précisément à résorber ce « malaise dans les interactions ». Il s'agit généralement d'un mélange de guide de savoir-vivre et de charte de bonnes conduites qui varie dans son contenu en fonction des instances diverses qui les énoncent. Leur but est d'expliciter les normes de la communication en ligne, et donc de la « normaliser ». Elles sont globalement peu lues par les utilisateurs des *chats* et encore moins par nos enquêtés.

54. Selon Isaac Joseph, le *principe de la pire interprétation* est en vigueur lorsque les règles de politesse qui prévalent dans une situation donnée ne sont pas stabilisées. Il pourrait s'énoncer ainsi : « considère toujours qu'il y a une interprétation de tes actes pire que celle que tu pourrais imaginer » (Isaac Joseph, *Erving Goffman et la microsociologie*, Paris, PUF, 1998, p. 40).

PARADOXALE ADOPTION DE L'« ATTITUDE TECHNOLOGIQUE »

Le *chat* est une pratique transitoire. Parce qu'il est mobilisé dans les activités ordinaires des adolescents, il contribue à consolider et à enrichir, à la façon d'une « rampe de lancement », les premières manipulations balbutiantes du web.

Les modalités d'appropriation d'Internet, dont le *chat* constitue le point de départ, s'infléchissent ensuite au cours du temps et conduisent peu à peu les jeunes à explorer la plasticité technologique de l'informatique en réseau. Sur le plan communicationnel, les logiciels de type « MSN » ou « Yahoo Messenger » sont privilégiés pour *chatter* entre pairs, tandis que les tentatives d'élargissement des connaissances se font grâce à l'utilisation des « Blogs ». Sur le plan générationnel, le téléchargement se généralise. Les jeunes vont chercher sur Internet divers types de fichiers : logiciels gratuits ou « crackés »[55], jeux, musiques, films... Ils utilisent le réseau en vue de réaliser des économies, partent à la recherche de codes informatiques susceptibles de débloquer des puces de cartes de téléphones portables ou de permettre le décodage des chaînes de télévision payantes. On assiste ainsi à des carrières naissantes de « hackers » autodidactes, qui glanent des informations dans les forums de discussions ou sur des *chats* spécialisés. Parallèlement, les jeunes s'équipent en matériel informatique en vue de stocker les données récupérées au cours de leurs explorations. Il s'agit ensuite pour eux d'optimiser ce matériel, ce qui les conduit à rechercher à nouveau des informations sur le web. Ceci indique comment des pratiques considérées comme « inconséquentes » sont de possibles appuis à des acquisitions symboliquement et pratiquement convertibles sur d'autres scènes sociales (pratiques culturelles, école et marché du travail).

La « culture de quartier » des jeunes qui fréquentent l'ECM de la Friche interfère grandement avec les intentions poursuivies par les initiateurs des politiques publiques en matière d'accès à Internet. Si le premier objectif consistant à mettre à disposition Internet pour les plus démunis est relativement atteint au regard du taux de fréquentation de l'ECM par les « jeunes de quartier », le bilan du second objectif portant sur l'orientation des usages vers l'accès au savoir et à la culture est plus mitigé. Pour autant, il ne faudrait pas conclure hâtivement à un échec. Les sciences des techniques de l'information et de la communication ne cessent de démontrer que toute appropriation réussie d'un objet procède, d'une manière ou d'une autre, d'un détournement de son usage. Ainsi, même si l'ECM de la Friche la Belle de Mai bute sur la transmission d'une attitude culturelle (au sens institutionnel du terme) vis-à-vis des nouvelles technologies, il favorise l'adoption de ce que Gilbert Simondon nomme une « attitude technologique »[56]. C'est donc par l'intermédiaire de logiques souterraines que, paradoxalement, l'ECM renoue avec ses ambitions premières.

FABIEN LABARTHE

55. Ou « rippés ». Cette terminologie désigne les actes de piratage informatique qui consistent à déverrouiller les protections numériques des logiciels.

56. « On peut nommer attitude technologique celle qui fait qu'un homme ne se préoccupe pas seulement de l'usage d'un être technique, mais de la corrélation des êtres techniques les uns par rapport aux autres » (Gilbert Simondon, *Du mode d'existence des objets techniques*, Paris, Éditions Aubier, 1989, p. 145).

Barthes, la photographie et le labyrinthe[1]

MARIA GIULIA DONDERO

Lorsque Barthes donnait ses cours de sémiologie littéraire au collège de France, à partir de 1976, il animait parallèlement un séminaire réunissant un petit nombre de chercheurs. Lors de la dernière année de cours, en 1979-1980, Barthes conçut un séminaire sur les archives photographiques de Paul Nadar, qu'il ne put réaliser, sa mort étant intervenue au tout début de ce séminaire. Ces fonds d'archives recueillent des portraits des personnes connues et aimées par Marcel Proust que Barthes voulait projeter un après l'autre pendant le séminaire. En lisant les quelques pages laissées par Barthes avant sa mort, et en les reliant aux démarches épistémologiques que Barthes développait à ce moment et aux relations privilégiées qu'il entretenait alors avec deux objets, la photographie et le labyrinthe, Maria Giulia Dondero analyse les raisons pour lesquelles Barthes avait retenu pour l'objectif de ce cours, non un travail conceptuel, mais « un dialogue *in pectore* avec les photos », un exercice « personnel » d'intoxication des visages perdus. Ainsi le séminaire seulement ébauché révèle-t-il des choses essentielles sur le choix intellectuel du dernier Barthes : une science du singulier, une épistémologie de l'assomption, du labyrinthe affectif, de soi-même. Comme on va le voir, ce dernier geste d'enseignant dépasse donc le corpus considéré, pour questionner la nature du travail sémiologique lui-même.

> Si nous voulons dessiner une architecture
> conforme à la structure de notre âme,
> nous devrions la concevoir à l'image du labyrinthe.
>
> (Nietzsche)

> De tous les édifices, le labyrinthe
> est le plus adapté à capter la durée
> et à forcer l'espace à différer son déploiement,
> *à faire marcher vers le sens,*
> *faisant montre de ne conduire nulle part.*
>
> (Choay)

Cette recherche sur le séminaire barthésien de l'année académique 1979-1980, consacré aux archives photographiques de Paul Nadar, naît de deux objectifs. Le premier est celui de rendre compte du ton et du style qu'utilise Barthes pendant ses cours au Collège de France, fortement liés à l'épistémologie du dernier Barthes, celle du labyrinthe ; le second est d'enquêter sur le séminaire incomplet sur les archives photographiques, archives de visages aimés par Marcel Proust. Nous chercherons dans les pages qui suivent à étudier les archives de portraits photographiques en les mettant en relation avec l'épistémologie du labyrinthe, celle que Barthes a pratiquée dans tous ses cours au Collège de France, mais qu'il a aussi explicitement décrite dans les deux derniers, ceux consacrés à la *Préparation du Roman*.

1. *Cf.* « Barthes, leçons (1976-1980) », Urbino, Centro di Semiotica e Linguistica, 14-16 luglio 2005, colloque organisé par Sémir Badir, Dominique Ducard et Gianfranco Marrone.

Le fond d'archives

Il est tout d'abord nécessaire de rappeler ce qu'est le fonds d'archives proustien dont nous parle Barthes dans les 6-7 feuilles laissées avant sa mort et comment ce séminaire sur les portraits photographiques peut être situé au sein des deux derniers cours de Barthes au Collège de France consacrés à la préparation du roman.

À la fin du cours de l'année académique 1979-1980, Barthes devait donner, selon les programmes, un séminaire, comme les années précédentes. Si le séminaire organisé au terme de l'année académique 1978-1979 était consacré à la métaphore du labyrinthe, Barthes voulait consacrer cette fois les séances à la projection des photographies des sujets qui avaient été les modèles des personnages de fiction de la *Recherche* proustienne, photos réalisées par Paul Nadar, fils du grand Félix[2].

Barthes choisit de commenter le groupe de portraits de personnages que Proust avait pu connaître, qui avaient précédemment été catalogués. Dans les pages finales de *La Préparation du Roman* les photographies sont présentées par ordre alphabétique, corrélées avec des notations biographiques brèves, tirées en partie de certaines œuvres de critique littéraire consacrées au monde proustien.

Les buts du séminaire sont clairement énumérés dans les quelques pages que Barthes nous a laissées : il se proposait de commenter *brièvement* ces photos à partir des notes biographiques des personnages représentés ; il ne projetait donc pas un séminaire sur la photographie (en général), mais « des *travaux pratiques* sur un matériel non verbal (les diapos) »[3]. Dans ces quelques pages, Barthes annonce, anticipe et espère une activité de séminaire collective, mais également intime : chacun des participants au séminaire devrait dialoguer *in pectore* avec les photographies. Cet acte de dialoguer *in pectore* est clairement lié au fait que ces photographies sont des portraits : la présence du corps photographié invite à la préhension analogisante qui porte à l'idée d'une vision « dans son for intérieur ». Barthes tient à souligner dès le début que cette projection de diapositives ne sera pas accompagnée par un travail conceptuel ; le séminaire devra même au contraire avoir un caractère distractif puisqu'aussi bien : « Une image, c'est, ontologiquement, ce dont on ne peut *rien* dire »[4]. Il ne s'agit donc pas d'analyser les photographies, mais au contraire de « feuilleter des images » : le séminaire sera seulement une « exposition de matériaux », dit Barthes. En définitive, il ne s'agira pas non plus de retrouver les passages et les personnages de la *Recherche* qui pourraient « correspondre » aux personnes photographiées, ni de scruter les visages photographiés afin de mieux connaître la *Recherche* : ce doit être au

2. Anne-Marie Bernard qui en 1978 publiait le livre *Le monde de Proust* (Éd. Direction des Musées de France) est la première à avoir parlé à Barthes de ces fonds d'archives. Il s'agissait d'un recueil de photographies de Paul Nadar accompagné d'informations sur les biographies des personnages représentés, rédigées surtout par le biographe de Proust, George Painter. Ce livre a ensuite été réédité par les Éditions du Patrimoine en 1999, puis en 2003 sous le titre *Le monde de Proust vu par Paul Nadar*. Ces fonds d'archives Nadar ont été achetés par l'État et précisément par le Service des Archives Photographiques des Monuments Historiques par la veuve de Paul Nadar.

3. Roland Barthes, *La Préparation du roman I et II. Cours et séminaires au Collège de France (1978-1979 et 1979-1980)*, Paris, Le Seuil, p. 389. Je souligne, MGD.

4. *Ibid.*, p. 391.

contraire un séminaire pour mieux connaître Marcel, et, comme nous le verrons, pour mieux nous connaître nous-mêmes. Barthes propose en effet une activité de séminaire qui révèle les parcours personnels d'expérience dans l'utilisation des textes photographiques. Le but de ce séminaire est donc, déclare-t-il aux participants :

> de vous intoxiquer d'un monde, comme je le suis de ces photos, et comme Proust le fut de leurs originaux. [...] Intoxiqué de quoi ? De l'accumulation de ces visages, de ces regards, de ces silhouettes, de ces vêtements ; d'un sentiment amoureux à l'égard de certains : de nostalgie (ils ont vécu, ils sont tous morts) [5].

Le séminaire ne porte pas sur la Photographie avec un P majuscule, comme dans *La chambre claire*, ni sur Proust, mais au contraire sur les photographies des personnages qui pouvaient avoir été chers à Marcel. Non pas sur l'écrivain, mais sur l'homme, non pas sur le romancier, mais sur le sujet émotionnel, comme s'il s'agissait de faire un séminaire sur les affections de Marcel. La reconstruction fictive de l'expérience des autres s'offre comme une proposition d'articulation avec un soi-même, un *ipse* possible : c'est-à-dire que sur le plan de l'énonciation, l'objectif de Nadar saisit dans les portraits les spectateurs – Marcel *in pectore*. Les textes à montrer aux étudiants ne sont pas choisis selon des paramètres artistiques, ni philologiques, ni historiques : les textes photographiques à commenter sont élus par Barthes simplement parce qu'ils ont été aimés par Marcel. En effet, l'une des règles de participation au séminaire n'est pas à proprement parler une règle universitaire : le séminaire est un cercle fermé. En effet Barthes déclare dès le début : « Non-marcelliens s'abstenir ».

Il est clair que, à travers la lecture de la galerie de portraits des archives Nadar, Barthes vise à construire une famille fictive et affective à l'intérieur de laquelle il veut lui-même s'insérer. Barthes veut créer une communauté, une famille unie par l'amour pour Marcel et par l'amour pour ces sujets que Marcel aimait à son tour. Il s'agit de se faire intoxiquer par des visages ayant appartenu à un monde qui a intoxiqué la vie et l'œuvre proustienne, qui intoxique Barthes à son tour et qui doit arriver jusqu'à nous. Le séminaire devait donc porter à une contagion d'intoxications, c'est-à-dire à un paradoxe : la contagion devenant un programme d'usage pour la contamination, l'accueil de l'autre est rendu possible grâce à une figure étrangère, à une *pollution* identitaire. Le virus à transmettre est une corruption, une hybridation produite par le rapport affectif avec le texte photographique. L'interprète n'enquête pas, il régénère plutôt des affections qui ont déjà « étalé » d'autres face à une image. Mais aussi et surtout, le plaisir du texte n'est pas dans la consommation de l'autre, mais dans le passage à travers cet autre pour accéder à quelque chose ou encore à quelqu'un d'autre.

PROUST, LE ROMAN ET LA PHOTOGRAPHIE

Avant de pénétrer dans les archives photographiques, il est nécessaire de se demander comment situer ce séminaire sur la photographie et sur Marcel à l'intérieur du programme des deux dernières années de cours de Barthes au Collège de

5. *Ibid.*, p. 391-392.

France : comment Marcel Proust est-il appelé à comparaître à l'intérieur des cours sur la préparation du roman ?

Proust n'est pas convoqué en tant qu'écrivain-modèle de la forme-roman, mais en tant qu'artiste des formes brèves, de ce que Barthes appelle des « moments de vérité affectifs ». Dans la *Préparation du roman*, la *Recherche* est prise en considération en relation avec la forme brève du haïku, qui pourrait en apparence sembler très distant des choix stylistiques de Proust et presque en opposition avec la forme du roman. En effet, Barthes met presque en opposition la forme brève et notationnelle (le haïku japonais en particulier) et le roman. Il étudie le roman, surtout proustien et joycien, à travers une lecture qui part, non de la dimension extensive, mais du fonctionnement intensif de l'œuvre. Il retrouve ainsi dans le roman proustien les caractéristiques qui appartiennent aux formes brèves, montrant que la *Recherche* procède à travers une suite discontinue de « moments forts », comme aime les appeler Barthes. Ce dernier élit dans la *Recherche* le fonctionnement de la forme brève puisque cette dernière est : « ce qui, dans une lecture, m'arrive à moi, sujet au premier degré » [6]. Barthes veut en effet construire une critique et une méthode de lecture du roman qui soient *pathétiques*, et non *logiques*. Ces éléments pathétiques qui lui font littéralement faire « tilt », doivent permettre à Barthes de *reconstruire* l'œuvre à partir de ses moments épiphaniques, moments de vérité. Si en général la forme-roman, « dans sa grande et longue coulée, ne peut soutenir la "vérité du moment" [7], au contraire le roman de Proust procède par "moments de vérité" ». L'interprétation devient une aventure sur des territoires textuels qui fonctionnent comme des événements qui redessinent continuellement la carte du sens.

Le roman proustien, pour Barthes, doit être pénétré comme un réseau labyrinthique de formes brèves : il possède sa valeur en tant que suite de moments de vérités affectives, en tant que système de notations émotionnelles. Pour Barthes le roman proustien est lu, joui et aimé uniquement si on le cartographie localement, comme un labyrinthe, car un labyrinthe n'est jamais connaissable dans son ensemble, même pas par l'architecte qui en a conçu l'entière structure. Ce qui intéresse Barthes dans l'œuvre proustienne, ce n'est pas l'architecture générale, le système de la *Recherche*, mais ce qui peut en être rendu pertinent par chaque lecteur passionné qui en saisit affectivement les instants forts, les condensés de sens, les épiphanies, les moments de vérité (« ce qui, dans une lecture, m'arrive à moi »). Dans un certain sens c'est comme si la marche labyrinthique des formes brèves de la *Recherche* était le modèle pour la construction de l'écriture romanesque de Barthes, de son enseignement et de sa science du singulier. Il n'y a donc chez Barthes aucune volonté ni prétention de décrire le roman proustien avec un esprit exhaustif et scientifique : au contraire Barthes part à la recherche de ce qui, comme dans le parcours à l'intérieur du labyrinthe, peut se connaître seulement en ayant recours aux informations locales, c'est-à-dire à travers la myopie du localisme subjectif, la myopie de l'embrayage.

6. *Ibid.*, p. 156.

7. *Ibid.*, p. 161.

Dans un certain sens Barthes se pose face à l'œuvre immense de la *Recherche* comme un voyageur à l'intérieur d'un labyrinthe. Le promeneur du labyrinthe est, comme l'affirme Damisch dans *Skyline* :

> contraint d'utiliser exclusivement les seules données locales : alors que les calculs de polygonation dans un graphe font recours à des informations d'ensemble, qui sont équivalentes à la vision de survol, un labyrinthe ne se présente pas au début comme un réseau, mais comme une situation où chaque algorithme applicable devra être *myope* et *répondant aux seules informations locales*[8].

Comme le répète Rosenstiehl : « Ce sont le voyageur et sa myopie à faire le labyrinthe, non pas l'architecte et ses perspectives »[9]. L'épistémologie du labyrinthe se préfigure comme une stratégie de la connaissance qui part d'un embrayage et Barthes commence à se représenter en même temps comme promoteur et objet de sa recherche.

Les formes brèves et la photographie

Quelle relation peut-il donc y avoir entre les recherches de Barthes sur les formes brèves et sur le roman proustien et celles sur la photographie ? Barthes lie le fonctionnement par « moments forts », typique des formes brèves et du haïku, au fonctionnement de la photographie. Ceci parce que Barthes est convaincu d'un fonctionnement fortement affectif et donc « local » de la photographie. Le haïku et la photo renvoient pour Barthes à des événements affectifs ponctuels, à quelque chose qui « pique » l'observateur. Les photographies des personnages des archives Nadar doivent être, pour qui les observe projetées, non pas une simple suite cadencée de visages historiques, mais plutôt une série de révélations et de « moments de vérité ». La photographie fonctionne pour Barthes comme les formes brèves, elle produit des événements à travers la stratégie des fragments discontinus qui « refusent le discours ». La technique du haïku, comme celle de la photo, est arrogante et humble en même temps : « elle prétend à l'importance tout en ne prétendant à rien ». Le « moment de vérité » exprimé autant par les photos que par les formes brèves du haïku et de la *Recherche* ne relève en aucun cas d'une technique réaliste, c'est plutôt la « conjonction d'une émotion qui envahit (jusqu'aux larmes et au trouble) et d'une évidence qui imprime en nous la certitude que ce que nous lisons est la vérité (ça a été la vérité) »[10].

On comprend ainsi pourquoi Barthes avait programmé un séminaire sur la photo après un cours sur le roman. À cette question avait déjà partiellement répondu Nathalie Léger :

> Pourtant, ni les quelques feuillets d'un texte en filigrane, ni la série de photographies déjà connues ne peuvent faire oublier combien ces quelques images discrètement légendées par Roland Barthes s'offrent comme le vertigineux complètement

8. Hubert Damisch, « Le labyrinthe d'Égypte », dans *Skyline. La ville Narcisse*, Paris, Le Seuil, 1996, p. 52. Je souligne, MGD.

9. Pierre Rosenstiehl, « Les mots du labyrinthe », dans *Cartes et figures de la terre*, Paris, Centre Georges Pompidou, 1980, p. 100.

10. Roland Barthes, *op. cit.*, p. 156.

> du cours : le centre d'un labyrinthe est toujours un lieu d'aboutissement feint et la quête du roman ne peut que s'achever sur un monde, mélancolique et lumineux, d'apparitions [11].

En effet, comme l'affirme Léger, la série de photos des archives Nadar s'offre comme un complément du cours, un complètement ouvert, dispersif, faussement conclu, vertigineux même, sans centre ou du moins, paradoxalement, comme centre d'un labyrinthe qui n'a pas de centre.

BARTHES ET LE PORTRAIT

Avant d'enquêter sur la question spécifique de l'intoxication d'images chères à Marcel en relation à l'épistémologie du labyrinthe, j'aimerais rappeler comment Barthes s'est toujours interrogé sur la relation affective mise en scène par le portrait photographique. La prédilection pour ce genre « singularisant » est montrée ici non seulement dans le projet de séminaire sur le fond d'archives photographiques de Paul Nadar, mais bien avant déjà dans *Roland Barthes par Roland Barthes* et peu avant sa mort, en 1980, dans *La chambre claire*, qui révèle toute l'inclination introspective du travail de Barthes. Dans *La chambre claire* prédominent les portraits d'hommes, de vieux, de jeunes et de femmes dont l'auteur scrute les regards, la mimique, le spectacle du corps, tout ce qui manifeste leur singularité. De *La chambre claire* a déjà été éliminée l'Histoire avec le H majuscule, le genre publicitaire et le nu, tout ce qui s'impose sur le marché de l'image. Le peu qu'il reste de « portraits de groupe » est tout de même photographié sous un statut « intimiste », photos de famille, de personnes aimées et mortes par la suite. Les personnages photographiés que Barthes choisit pour la construction de sa science du singulier forment en somme le cercle d'une famille fictive :

> Je crois qu'à l'inverse de la peinture, le devenir idéal de la photographie, c'est la photographie privée, c'est-à-dire une photographie qui prend en charge une relation d'amour avec quelqu'un. Qui n'a toute sa force que s'il y a eu un lien d'amour, même virtuel, avec la personne représentée. Cela se joue autour de l'amour et de la mort [12].

Cette phrase de Barthes peut être relue à la lumière des pages de présentation des archives Nadar où il se demande :

> Intoxiqué de quoi ? De l'accumulation de ces visages, de ces regards, de ces silhouettes, de ces vêtements ; d'un sentiment amoureux à l'égard de certains : de nostalgie (ils ont vécu, ils sont tous morts) [13].

Pour Barthes, en effet, Marcel ne vit pas encore seulement grâce à la *Recherche*, mais encore plus grâce à cette galerie de portraits de personnages que Marcel a

11. Nathalie Léger, « Préface », dans Barthes, *op. cit.*, p. 22.

12. Roland Barthes, « Entretiens 1980 », dans *Œuvres complètes V. Livres, textes, entretiens (1977-1980)*, Le Seuil, 1995, p. 935-936.

13. Roland Barthes, *La préparation du roman*, *op. cit.*, p. 391-392.

aimés et qui sont déjà tous morts[14]. C'est le même amour que montre Barthes dans *La chambre claire* pour les photographies familiales, aimées en tant qu'objets à toucher et à serrer à soi. On comprend clairement ce qui rapproche Barthes de Marcel : le fait que leurs œuvres, même si elles ne sont pas des biographies, sont fortement « tissées » d'eux-mêmes[15]. Ceci nous renvoie au but du séminaire : à l'intoxication en chaîne, à la contagion d'intoxications.

Gabriel Fauré, cliché Paul Nadar

LES ARCHIVES PHOTOGRAPHIQUES ENTRE « RESSEMBLANCE » ET « AIR »

Venons-en à présent aux textualités photographiques présentées sous forme d'archives, c'est-à-dire cataloguées par ordre alphabétique[16] et accompagnées par une didascalie qui décrit le statut social des personnages.

14. Barthes connaissait, selon différents témoignages, l'attachement de Marcel pour les photographies de ces personnages. Marcel, à travers ses lettres recueillies dans les *Correspondances*, raconte son amour pour les photographies en tant qu'objets à échanger, offrir, conserver : les photos unies aux dédicaces étaient pour lui une des façons les plus profondes d'établir et de consolider des rapports amoureux et d'amitié ; la preuve en sont les correspondances de Proust avec Robert de Montesquieu (reconnu comme le modèle de Charlus dans la *Recherche*) et avec Madame de Chevigné, une des modèles de la duchesse de Guermantes.

15. *Ibid.*, p. 278.

16. L'ordre alphabétique joue un grand rôle dans l'organisation des cours de Barthes au Collège de France. En effet la structure des cours est organisée non pas selon le « développement du discours », mais à travers les traits ou figures, c'est-à-dire selon un ordre alphabétique ou une mathématique de l'aléatoire qui visent à dé-théoriser le discours, à refuser l'approfondissement. Tout autre type de relation et de liaison entre les thématiques cesse, afin de fuir avec les contraintes de la dissertation et les astuces du hasard.

Marie de Hérédia, cliché Paul Nadar

Malgré le fait que les fiches, rédigées par Barthes, sur les sujets photographiés soient très précises sur les personnages réels, le vrai but de Barthes n'est pas de trouver des ressemblances physiques et psychologiques chez les sujets que Marcel avait aimés et les personnages de la *Recherche*, mais au contraire l'atmosphère d'un monde passé et aimé, l'*air* de ces visages. En effet, Barthes se propose de ne faire ni analyses, ni travail intellectuel sur ces visages aimés, mais uniquement de dire : « quelque chose qui n'est pas ce que je dis ; je ne parle pas là où ça est, je parle à côté ; c'est le propre de la Fascination, du Bégaiement »[17].

Ces photos mêmes des sujets aimés par Marcel doivent elles aussi être mises *de côté* par rapport aux sujets de la *Recherche* et ne pas s'y substituer à travers le jeu dangereux de la ressemblance. Barthes ne voudrait pas, pendant le séminaire, d'un travail philologique pour trouver la simple correspondance *un à un* entre les sujets vécus et les personnages fictifs, ces simples ressemblances qui ne disent rien d'un sujet. Ce que cherche Barthes, ce n'est pas la personne de l'état civil, mais son « air ». Je veux dire que Barthes, en écrivant ces quelques pages de préparation au séminaire, probablement en concomitance avec les fiches biographiques, s'aperçoit en effet que certaines photos « dérangent » ou « peuvent déranger » les personnages de la *Recherche* dans le sens où rares sont les photos qui « collent » au personnage, qui lui correspondent vraiment. Peut-être est-ce parce que la photographie les caractérise trop, produit trop de détermination dans les vêtements, dans les coiffures, etc. Afin que le personnage soit rendu dans la photo dans toute son essence il est nécessaire pour Barthes que la pose du personnage laisse transparaître non seulement la ressemblance, mais quelque chose de plus indéfinissable : l'air. La ressemblance photographique en effet, dans *La chambre claire*, se définit comme cette *précision* qui « nous fait perdre le personnage » et son essence, qui au contraire peut être suggérée par l'air qui fait apparaître la vraie identité affective du sujet. Dans *La chambre claire*, discutant de la pose dans les portraits, Barthes rapproche la simple ressemblance d'un visage non pas tant de l'intensité d'une présence, que de l'extension d'une identité :

> Au fond, une photo ressemble à n'importe qui, sauf à celui qu'elle représente. Car la ressemblance renvoie à l'identité du sujet, chose dérisoire, purement civile, pénale, même ; elle le donne « en tant que lui-même », alors que je veux un sujet « tel qu'en lui-même »[18].

La photo qui sait saisir l'air élit un moment de l'expérienciel en tant que symptôme électif de l'identité et crée un climat d'incertitude, de flou identitaire, de « pouvoir être » : *l'air est le règne du possible.* À la différence de la ressemblance, qui est calculable, mesurable, « l'air d'un visage n'est pas décomposable », c'est quelque chose qui ne peut pas être quantifié. L'air n'est pas une simple analogie d'état civil comme l'est la ressemblance, mais plutôt le « supplément intraitable de l'identité », trace de la non-séparation de la personne d'elle-même : le masque de la ressemblance disparaît pour laisser la place à l'air comme reflet d'une valeur de vie.

17. *Ibid.*, p. 392.

18. Roland Barthes, *La chambre claire : note sur la photographie*, dans *Œuvres complètes*, Le Seuil, 1995, vol. V, p. 872.

La photographie spéculaire

C'est à partir de ce que Barthes appelle *air* que Proust construit ses archives photographiques, et non pas donc seulement à partir de leurs identités d'état civil, sociales, légales. La *Recherche* est construite à partir de l'intoxication de ces visages photographiés dont on ne cherche pas l'identité, mais le dévoilement de l'air, *la valeur de vie*. Pour Barthes, Proust cherche non pas ce que le visage du personnage *est*, mais ce qui est *à côté*, ce qui l'accompagne, qui lui est « à part ». Le vrai visage représenté, l'air, la vraie identité du sujet ne peut pas être objet d'étude scientifique, sémiologique. La vraie identité d'un sujet est un faux objet d'étude puisqu'il renvoie à un « pouvoir être » du personnage, mais aussi au pouvoir être de qui l'observe, c'est-à-dire au jeu spéculaire de l'identité projetée et ré-embrayée. À ce propos dans *La chambre claire* Barthes affirme : « Je voudrais une Histoire des Regards. Car la Photographie, c'est l'avènement de moi-même comme autre : une dissociation retorse de la conscience d'identité »[19].

Même les portraits photographiques des archives Nadar sont à interpréter en termes de spécularité : ils construisent un labyrinthe identitaire de miroirs qui construit l'identité des observateurs. Les archives photographiques fonctionnent pour Barthes comme un labyrinthe de miroirs : dans le miroir des visages aimés par Marcel, Barthes projette une partie de soi, et nous invite tous à faire de même : à nous projeter dans ces visages et par ces visages nous laisser intoxiquer.

Si la science a depuis toujours utilisé la métaphore de la cadavérisation afin d'étudier ses objets, l'archivisation pourrait être vue comme « juste sépulture », post-autopsie de la photo comme mémoire. Ici, à l'inverse, même lorsqu'elle est archivée, elle ne devient pas image statique et fixation définitive, mais elle garde toujours un fort axe tensif avec la subjectivité de l'observateur. La photo, au contraire de ce que l'on pense en relation au fameux « ça a été », ne réussit pas à rendre un passé : chaque photo est toujours un « donné à moi », un « pour moi, tout de suite ». Dans ce sens la photographie est toujours au futur : les archives sont à mémoire future parce qu'elles se donnent à nous et nous à elles, les archives se penchent vers le futur, vers l'actualisation que le sujet fera d'elles. Les archives sont le règne de ce qui nous est donné pour repérer archéologiquement nos soi possibles, pour nous faire contaminer par une altérité précédemment éludée. L'image photographique est un contre-temps qui expie le retard pour parvenir à nous-mêmes à travers la venue de l'altérité. Nous pouvons vraiment dans ce sens affirmer que les photographies sont perçues par Barthes comme des corps : le rapport spéculaire, qui construit un rapport de présence entre observateur et image, réactive la photographie en tant que corps vivant. La photographie est pour Barthes une mémoire que nous n'archivons jamais.

Il est temps à présent de tenter de résoudre la question sur l'intoxication de visages photographiés et, pour nous rapprocher des conclusions, il est nécessaire de revenir un peu en arrière.

19. *Ibid.*, p. 798.

L'ÉPISTÉMOLOGIE DU LABYRINTHE

Comme nous l'avons affirmé au départ, le séminaire sur la photographie proustienne devait se tenir pendant les premiers mois de 1980, et terminer la deuxième année de cours sur la préparation du roman. Le séminaire, par contre, sur la métaphore du labyrinthe termine la première année du cours sur la préparation du roman et apparaît plus canonique puisque constitué d'interventions des intellectuels les plus importants de l'époque (Detienne, Deleuze, Rosenstiehl, etc.).

Barthes, à la fin du séminaire, affirme qu'il ne lui est plus possible de faire une synthèse des interventions faites pendant le séminaire : il est nécessaire de laisser intactes les co-présences de ceux qui sont intervenus au séminaire. Barthes, en effet, est convaincu qu'on ne peut soumettre à synthèse et à méta-langage l'objet-labyrinthe. Son opposition au traîtement méta-linguistique[20] montre clairement sa conception de la recherche intellectuelle : il n'est possible ni de transformer des co-présences en un tout organique ni de réprimer le sujet de la pensée, qui pour Barthes se construit et re-construit dans le parcours même de la pensée :

> Le séminaire a pris fin, non sur une conclusion, mais sur une nouvelle question : non pas « Qu'est-ce qu'un Labyrinthe ? » ou même : « Comment en sortir ? », mais plutôt : « Où commence un Labyrinthe ? ». On rejoint ainsi une épistémologie (actuelle, semble-t-il), des consistances progressives, des seuils, des intensités[21].

Les derniers cours de Barthes n'ont pas programmatiquement de conclusions, ils sont construits par seuils de rapprochement vis-à-vis de l'intensité du sentir – comme on le sent déjà du reste dans la leçon tenue au Collège de France dès les premiers jours de 1977 : à la méthode qui court droit au but, Barthes préfère *la ligne courbe*. Voilà pourquoi le labyrinthe n'est pas seulement le thème du séminaire, mais le style et le ton intellectuel de Barthes pendant ses cours : cet aller-retour sans issue où divaguer n'est pas causé « par la crainte de ne pas retrouver la sortie ; mais [par un] vertige lié à un trouble procuré par la vision : la courte vue, le regard de myope »[22].

C'est la myopie du regard situé, du regard auquel n'est pas permis le survol, le regard d'ensemble, la conscience du tout : du labyrinthe chacun de nous peut seulement reconstruire un morceau de plan à travers sa propre battue particulière. Si le labyrinthe outrepasse les mesures typiques du langage, s'il est au-dessus de ce qu'on pouvait en dire, ceci n'arrive pas tant en considération de sa structure que de l'infinité de parcours possibles dans cet espace, de tous les parcours possibles des sujets, jamais recomposables en totalité intégrée. Le labyrinthe pour Barthes n'est donc pas seulement un thème, mais une épistémologie. Le labyrinthe est traditionnellement une construction sans centre dont l'architecte même ne connaît pas le plan global. Le labyrinthe est donc pour Barthes : « a-centrique, c'est-à-dire en somme sans signifié dernier à découvrir. Or ceci peut être la Métaphore du Sens, en ce qu'il est déceptif »[23].

20. *La préparation du roman*, *op. cit.*, p. 177.

21. *Ibid.*, p. 460.

22. Hubert Damisch, *op. cit.*, p. 52.

23. *La préparation du roman*, *op. cit.*, p. 175.

Le parcours labyrinthique est lié à celui de l'interprétation :

> L'interprétation (détours, recherches, orientation) [est faite] comme une sorte de jeu mortel, avec peut-être rien au centre ; ici, encore, le chemin vaudrait pour le but – à condition d'en sortir[24].

Le labyrinthe est sans *quid* central (pas de monstre ni de trésor), vu qu'il est formé uniquement par des réseaux, des passages sinueux, des circonvolutions, des décentrements et des déviations et par des parcours infinis possibles : ce qui compte c'est de le parcourir, personnellement. Le labyrinthe ne peut pas être observé, sa complexe planimétrie et sa structure inextricable ne se laissent pas contempler. On ne peut jamais en avoir une vision d'ensemble, comme cela arrive du reste avec le sens et la connaissance qui peuvent être appréciés seulement *localement* et toujours *en négatif*.

Pour Barthes la force du labyrinthe est « l'incandescence du sens ». Le labyrinthe fixe, fascine, bloque la transformation métalinguistique, ce que Mannoni appelle la « compréhension » : le labyrinthe est le « rien à comprendre ». Lorsque le chercheur désire comprendre, il finit par fuir son objet de recherche, c'est-à-dire qu'il finit par le détruire, comme on détruit une énigme dont on a trouvé la solution. Tout ceci est en relation avec l'intraitable de l'image, des portraits et des formes qui enlisent : le maximum de l'inexplicable se rencontre à la fin dans celui qui est pour Barthes l'art de la transparence absolue : le degré zéro. Barthes cherche la littéralité de ces visages photographiés et aimés, la littéralité pas consommée de la compréhension : « c'est la littéralité qui fonctionne comme garantie d'un sens, même si inconnu »[25].

L'INTOXICATION ET LE LABYRINTHE

> Tout labyrinthe implique une quiétude, une énigme qui concerne le visage [...].
> Ce qui oriente l'avancée à l'intérieur du labyrinthe
> c'est la recherche inquiète du visage,
> à moins qu'il ne s'agisse de son effacement.
> (Bonitzer)

Si le labyrinthe est un mauvais sujet d'analyse parce qu'il résiste à la synthèse métalinguistique, les archives de visages se révèlent aussi un faux bon sujet de l'analyse métalinguistique et de la « volonté de conclure ». Face au labyrinthe de visages des archives photographiques, il ne s'agit en aucun cas de se débrouiller, comme cela arrive dans la situation labyrinthique classique, mais plutôt de diffracter spéculairement sa propre identité dans les visages photographiés chers à Marcel. On ne cherche pas la sortie, mais on se perd dans le jeu envoûtant entre la photo et soi-même. Dans ce sens, le labyrinthe de visages est un labyrinthe paradigmatique et non syntagmatique, vu qu'il concerne la mise en scène paratactique des possibles occurrences identitaires du sujet. Le paradoxe qui se manifeste ici est que la forme du labyrinthe provoque chez ceux qui la parcourent

24. *Ibid.*, p. 175.

25. Olivier Mannoni, « La Letteralità », dans Fabbri et Pezzini (dir.), *La metafora del labirinto. Un seminario di Roland Barthes*, Reggio Emilia, 1984, p. 101.

l'obsession de rendre distinguables les occurrences, mais ces dernières, tous ces visages, se co-impliquent continuellement. Le labyrinthe ne fonctionne pas ici comme un réseau dans lequel on se trouve enfermé, la géométrie ne certifie plus la forme, ni la distance entre un point et l'autre, parce que dans ce labyrinthe de visages l'espace n'est plus mesurable, il est plutôt *gazé* et envahit le sujet : c'est le labyrinthe qui entre dans le sujet, c'est un *labyrinthe embrayé.* Si la forme des archives pouvait porter à la potentialisation et à l'ouverture à d'ultérieurs portraits, la projection des visages sur les observateurs a une fonction centripète. Le labyrinthe nous étouffe, nous envahit, nous intoxique : c'est le labyrinthe embrayé de la science innommable du moi. Le « ça a été » de chaque visage est continuellement repris par l'observateur : la prise sur soi des simulacres identitaires projetés dans les textes advient à travers une opération d'introjection qui ne peut être contrôlée. Être intoxiqués signifie assumer sur soi quelque chose d'étranger mais aussi et surtout de multiple : l'intoxication est produite par l'introjection d'une classe d'individus et de leurs identités pluralisées par les passages à travers des archivistes d'exception, comme Proust et Barthes.

Les archives photographiques deviennent un labyrinthe construit autour des quatre murs de la chambre noire introjectée. Il ne s'agit pas d'étendre sa propre identité et son propre imaginaire : l'imaginaire n'exhale pas, mais est inhalé comme une ramification du soi.

Si Barthes avait vécu et avait pu conclure le séminaire, il ne nous resterait quand même probablement que ces 6-7 pages préparatoires. Le programme de Barthes était d'être souvent absent de ces séminaires : cette absence était programmatique, théorique, justifiée par l'épistémologie du labyrinthe et par l'impossible construction de la science du moi. Même si elles sont médiées par des archivistes et des analystes, les images semblent enfin réclamer la confrontation directe, l'introjection subjective : elles nous appellent et demandent qu'on se dépense pour elles. À l'implémentation publique des textes dont nous parlait Goodman, se substitue cette implémentation privée qui est une sorte de détonation intérieure d'un imaginatif potentiel, qui s'offre autant à notre passé (en tant que résonance) qu'à notre futur (en tant que possibilités non perçues ou éludées).

Tous les visages aimés et projetés deviennent à la fin substituables l'un à l'autre : à partir de chaque ressemblance des personnages on passe à la création de l'*air d'un monde*[26]. Dans l'acte de projection des portraits, les visages deviennent *anonymes*, et en même temps tous également *familiers*.

À un pas du silence, dans l'abandon de sa propre vocation d'analyste, Barthes risque de porter les labyrinthes de l'introjection affective jusqu'à leur point limite. Comme le disait Pascal Bonitzer, qui participa aux séminaires barthésiens : « le comble du labyrinthe est le désert, comme le comble de l'enchevêtrement de traits est la page blanche »[27].

Pendant les années où Barthes admettait finalement une sémantique autonome du visuel, par rapport au langage verbal, il finissait par repenser l'image

26. Je remercie sur ce point Paolo Fabbri et Isabella Pezzini pour leurs suggestions.

27. Pascal Bonitzer, « Bobine, ovvero il labirinto e la questione del volto », dans Fabbri e Pezzini, *op. cit.*, p. 71.

comme cet espace sauvage inaccessible au mot. Les coûts sont aussi « théoriques », dans le sens que la sémiotique ne peut pas dans ce cas délinéer la forme d'organisation des textes photographiques vu qu'ils s'ouvrent labyrinthiquement dans le dédale intérieur de l'interprète. Les cours finissent par être une « posologie » des images ; ce qui est important, ce sont les doses et les réactions « chimiques » d'un corps à corps qui demande à ne pas être intellectualisé. Les images sont cette dose d'altérité qui, pour ceux qui s'en départissent, constituera une communauté d'« intoxiqués ». De la langue « blanche » recherchée dès les débuts de Barthes, il se révèle enfin qu'elle n'est pas repérable en tant que discours originaire à récupérer avant les incrustations connotatives, mais comme une « post-image » intériorisée dans le moment de sa survenue dans tout observateur. La projection de ces images devient un dédale qui visite le sujet radiographiant les ramifications de ses soi possibles. Les images sont projetées, mais uniquement parce que ce sont elles enfin qui nous projettent.

*

* *

L'adresse barthésienne de la sémiotique est évidente. Elle nous demande au moins deux réponses, liées d'ailleurs :
1. que veut dire faire une analyse sémiotique ? question qui dans un certain sens est incarnée par Barthes, par les « coûts » d'avoir été sémiologue et par son exigence de récupérer quelque chose qui était resté exclu, un reste embarrassant qui est repayé enfin dans ses séminaires ;
2. qu'est-ce que la pratique barthésienne ? la sémiotique peut-elle enfin donner raison, citoyenneté, consentement à une description des pratiques de « lecture » des textes qui se posent aux antipodes de ses bases épistémologiques et de ses objectifs descriptifs ?

Nous n'avons pas voulu donner ici une réponse, mais plutôt une objectivation critique de la pratique qui est à la base de son séminaire inachevé sur la photographie privée.

MARIA GIULIA DONDERO

L'image ressassée

Photo de presse et photo d'art

« Ce n'est pas le passé qui nous obsède,
ce sont les images du passé. »

Georg Steiner

ANNE BEYAERT-GESLIN

Selon Anne Beyaert-Geslin, la photographie de presse ressasse toujours les mêmes motifs qu'elle emprunte aux genres majeurs de la peinture et au portrait. *Pieta, Nativité* ou modèle épique inspiré de Delacroix, ces motifs ont un usage rhétorique. Outre le fait qu'ils ont une fonction d'emphase et de mémorisation, ils contribuent à la lisibilité de l'événement et agissent tels des « convertisseurs de croyance » qui « permettent d'y croire ». Pourtant, à viser ainsi l'exemplarité, ces motifs sacrifient l'événement à une *vérité typique* qui écrase toutes les réalités individuelles. L'auteur soumet donc la photo de presse à la critique et analyse les propositions des artistes afin de rendre compte du passage entre les deux pratiques photographiques. Dès lors, deux questions se posent : « y a-t-il ou non une alternative aux stéréotypes de la photo de presse ? », partant « comment parvenir à représenter l'événement ? ».

« Poreuse et dynamique », la photographie est un lieu de passage pour toutes les pratiques artistiques contemporaines [1]. Cette avidité témoignée au monde lui-même (« pas une seule chose du monde qui n'ait été photographiée », affirme Sontag) autant qu'aux autres genres de l'image en fait un domaine d'investigation exemplaire pour une étude des pratiques. Mon idée n'est pourtant pas d'observer toutes ces circulations mais de me concentrer sur les transformations qui se produisent entre deux pratiques, la photographie de presse et la photographie artistique. Le choix de celles-ci suit tout d'abord les commentaires de la critique qui, faisant état d'une « crise de l'activité journalistique », soutient qu'une « autre information » est produite aujourd'hui avec « les moyens plastiques et théoriques de l'artiste » [2], ce que confirme, en maints endroits, l'actualité artistique [3]. Cette limitation à deux pratiques exemplaires manifeste également un souci heuristique et observe le précepte sémiotique selon lequel le sens apparaît dans la

1. Voir Alexandre Castant, *La photographie dans l'œil des passages*, Paris, L'harmattan, 2004. La constatation prolonge celle de Sontag qui, dans son ouvrage, *Sur la photographie*, observe que depuis son invention en 1839, il n'est « pas une seule chose (du monde) qui n'ait été photographiée ». Avec la photographie, « le monde entier peut tenir dans notre tête, sous la forme d'une anthologie d'images », dit-elle.

2. Pascal Beausse, « La photographie, un outil critique », *Art press*, n° 251, p. 44. Voir également Natacha Wolinski, « La vérité flouée », *Beaux-arts magazine*, n° 246, novembre 2004, p. 63-64. La question est également posée par André Roullé, *La photographie, Entre document et art contemporain*, Paris, Gallimard, « Folio », 2005, notamment dans le chapitre intitulé *Crise de la photographie-document*.

3. La proposition la plus argumentée est sans doute l'exposition proposée à l'automne 2004 au musée départemental d'art contemporain de Rochechouart et intitulée *Paysages invisibles*.

transformation. Un tel principe devrait me permettre de fixer quelques règles de codification du texte et donc, de préciser les termes de l'accord *pratiques-textes*.

Pratiques en production, pratiques en réception

Avant toute investigation, il convient de distinguer trivialement deux types de pratiques : les *pratiques en production*, dues au photographe, et les *pratiques en réception* qui traduisent la perception sociale de la photographie.

Pour les premières, différents statuts sont envisageables. Par exemple, lorsqu'Henri Cartier-Bresson délaisse le monde de l'art dans les années 1930 à la suite de montée du fascisme, et se voue au photo-journalisme, il opère un déplacement de sa pratique et offre ses photographies à un autre univers de signification. C'est sans doute la « déviation » la plus simple. L'incidence pour les textes photographiques est tout autre lorsque Warhol s'approprie des portraits anthropométriques (face/profil) réalisés par la police pour en faire des tableaux[4] car il opère alors une *reprise énonciative* qui soumet les images à une nouvelle *signification*.

Les exemples de déviation de la *pratique de réception* abondent. Les polaroïds pris par Warhol pour ses albums personnels en sont un témoignage intéressant puisqu'ils s'inscriraient très résolument dans le genre de la photo d'amateur si le statut d'artiste de Warhol et la célébrité des modèles (J. Nickolson, J.-C. Brialy, J. Lennon et Y. Ono...), n'avaient modifié la perception sociale des photographies, les situant d'emblée dans le registre de l'art sinon dans celui de la « presse people ». En pareil cas, l'identité des sujets a infléchi la trajectoire.

Si la diversité des exemples limite la description, on retient que la signification d'une image ainsi « déviée » subit l'influence d'univers de sens hétérogènes, la détermination de *supports* et de *scènes typiques* différents et apparaît nécessairement complexe et polémique. Ainsi, et pour suivre certaines propositions de Sontag relatives à la photographie de presse, des images des camps de concentration prises en 1945 qui circulent entre un musée de la photographie, une galerie d'art contemporain, un catalogue d'exposition, les pages d'un quotidien, d'une revue culturelle ou d'un livre, y trouvent-elles des significations toujours nouvelles. « Toute image est vue à l'intérieur d'un cadre particulier », note-t-elle[5], ce que traduirait aisément cet adage sémiotique : tout texte appartient à son corpus. Un tel principe mérite d'ailleurs commentaire dans la mesure où l'actualité révèle, au lieu de ces cadres de réception séparés, parfaitement identifiables, une certaine confusion des pratiques dont témoignent les campagnes de Toscani pour Benetton, toujours aux confins du photo-journalisme et de la publicité. Si « les cadres se multiplient aujourd'hui » (Sontag), les pratiques se croisent aussi plus intimement et l'on s'étonne à peine qu'une photographie d'un malade du sida ou d'un soldat mort soit exposée dans une boutique de vêtements[6].

4. Une illustration exemplaire est proposée par *Most wanted man n° 1*, 1963.

5. S. Sontag, *Devant la douleur des autres*, *idem*, p. 128.

6. Sontag revient à plusieurs reprises sur la photographie de Capa représentant un milicien espagnol frappé par une balle, publiée pour la première fois le 12 juillet 1937, en pleine page, dans le magazine *Life* face à une publicité pleine page pour Vitalis montrant en tennisman en plein effort. La différence entre image « de presse » et image publicitaire était alors considérable, irréductible, affirme-t-elle, indiquant ainsi un franc partage des univers de sens et l'univocité de la signification. Voir sa description dans *Devant la douleur des autres*, p. 41 et p. 128.

Pratiques en production, pratiques en réception, une telle typologie est bien entendu extrêmement rudimentaire et ne permet pas de décrire les mutations sémantiques aventureuses dont témoigne l'actualité. Elle esquisse toutefois certaines perspectives heuristiques.

Tout d'abord, ces premiers exemples tendent à montrer qu'au-delà du simple *brouillage catégoriel* entre un texte et un corpus, le passage d'une pratique à l'autre produit un changement de *trajectoire* impliquant différents niveaux de pertinence, du *texte* à la *situation* et aux *stratégies*.

La photographie originale de la police new-yorkaise qui, reprise par Warhol, devint *Most wanted man n° 1*, mesurait quelques centimètres à peine. Illustration pour une fiche de carton, sans doute se trouvait-elle rangée dans un dossier de commissariat[7]. La prise en charge artistique en a donc considérablement augmenté les dimensions, modifié le *support* (c'est désormais une toile) et la *scène typique*, troquant la boîte de rangement pour une cimaise de musée. De tels changements – *format*, *support*, et *scène typique* – s'accordent à une nouvelle construction sociale et déterminent des rapports très différents vis-à-vis du corps du sujet percevant. Ils occasionnent notamment un changement de *distance* de perception, une possibilité de collectivisation due à l'entrée de l'œuvre au musée mais aussi, et plus radicalement, un changement de *mode d'efficience* puisqu'il fallait « aller chercher » la petite photo de la police (*advenir*) quand sa réplique artistique, considérablement agrandie, saute littéralement aux yeux sur le mode du *survenir*. Dans le cas de *Most wanted man n° 1*, seules les *figures* témoignent encore de la *pratique-source* en imposant les vues de face et de profil caractéristiques des exigences policières, tandis que les autres niveaux de pertinence, du *texte* à la *forme de vie*, révèlent l'emprise de la *pratique cible* et l'inflexion de la trajectoire de transformation.

La circularité des pratiques

Mais cet exemple peut nous égarer. Il suggère que la transformation suit une direction unique, l'art s'imposant alors comme *pratique-cible*. Or si l'actualité artistique livre, des vues aériennes de Y. Arthus-Bertrand aux portraits de basketteuses de Sharon Lockhart, mille témoignages de son attention aux autres genres photographiques, il convient plutôt de décrire une *circularité des pratiques*. Certes, la photographie d'art se montre avide des autres genres, et tout particulièrement de l'image de presse, cependant celle-ci n'est pas en reste puisqu'elle s'inspire, sinon de la photo d'art, du moins de la peinture.

En effet, nous avons tous été surpris par la coïncidence entre des photographies de presse et des tableaux célèbres. Pourquoi les représentations de l'exode des Palestiniens prises après 1948 prennent-elles le plus souvent le modèle des scènes du Nouveau Testament : celles de la Nativité ou de la Fuite de la Sainte Famille en Égypte[8] notamment ? Pourquoi la composition d'une photographie des manifestations dites « de la République » d'avril 2002 « ressemble »-t-elle à

7. Aujourd'hui, elle intègrerait une microfiche pour être appelée à l'écran.

8. Je me réfère aux photographies de l'ouvrage d'Elias Sanbar, *Palestiniens, images d'une terre et de son peuple de 1839 à nos jours*, Paris, Hazan, 2004.

celle de la *Liberté guidant le peuple* de Delacroix ? Plusieurs auteurs ont évoqué ce trouble, Sontag s'étonnant par exemple qu'une photographie du cadavre de Che Guevara exposé devant une rangée de journalistes et de militaires ressemble à la fois au *Christ mort* de Mantegna et à *La leçon d'anatomie* de Rembrandt[9]. Sa surprise est renouvelée devant la photographie de W. Eugen Smith où une Japonaise du village de Minamata porte le corps de son fils, intoxiqué par le plomb, qui ressemble, selon elle, à une Vierge de pitié[10]. Les exemples pourraient se multiplier, tel celui de cette Madone de Benthala, dont la photographie faite par Hocine et publiée le 24 septembre 1997 à la une du monde entier devint l'emblème des massacres perpétrés en Algérie[11].

Si Sontag imputait de telles ressemblances au « hasard »[12] il y a vingt ans, leur récurrence a, depuis lors, donné lieu à des critiques sévères et contribué au discrédit du photo-reportage. « C'est un monde de clichés, pas la réalité dont ont besoin les médias », s'insurge par exemple le critique Pierre Madrid[13]. Le photographe Gilles Saussier déplore de même la « standardisation du contenu photographique »[14] offert aux « formes canoniques de la dramatisation »[15] et tient le stéréotype pour le principal critère de différentiation entre l'image de presse et la photo documentaire.

PEINTURE D'HISTOIRE ET PEINTURE RELIGIEUSE

Quelles sont précisément ces formes dramatiques canoniques ? Un peu d'attention révèle tout d'abord le modèle de la peinture d'histoire ; certaines compositions de David, par exemple, et le motif anti-théâtral hérité de Diderot où des personnages, absorbés dans leurs actions, constituent une scène fermée au spectateur[16]. La peinture religieuse est une autre source d'inspiration majeure et

9. Susan Sontag, *Sur la photographie*, Le Seuil, 1992, p. 132.

10. L'image est décrite par S. Sontag, *Sur la photographie*, *idem*, p. 131.

11. L'histoire de cette photographie qui parut le même jour dans *l'Herald Tribune*, *Los Angeles Times*, *Libération*, *El Pais*, *The Sun*, *The Guardian* et l'*Humanité*, notamment, ainsi que les critiques et procès multiples dont elle fit l'objet est relatée notamment dans *Art Press*, n° 286, par l'artiste Pascal Convert. Pour instruire l'hypothèse de la circularité des motifs, on ajouterait que la photographie de la Madone est ensuite revenue dans le domaine de l'art, le même Pascal Convert l'ayant transformée en un bas-relief en cire polychrome intitulé *Madone de Benthala*, 2000-2002, aujourd'hui dans les collections du musée d'art moderne Grand-Duc Jean, au Luxembourg. Une étude comparée de la photographie d'Hocine et d'un motif religieux est proposée sur www.crdp.ac-grenoble.fr.

12. Susan Sontag, *Sur la photographie*, *idem*.

13. Son article « Le photojournalisme agonise » est consultable sur le site www.uzine.net.

14. Gilles Saussier, « Situations du reportage, actualité d'une alternative documentaire », *Communications*, n° 71, Le Seuil, 2001, p. 312.

15. Sa critique est sévère : « L'adage favori d'un Roger Thérond, l'ancien directeur général de Paris Match, selon lequel "il faut être allé cent fois au Louvre pour devenir un grand photographe" doit être pris au pied de la lettre, dit-il, il ne s'agit pas d'inviter les jeunes photographes à mieux connaître l'histoire de l'art pour questionner les modes dominants de représentation des grands médias de masse, mais de servir le projet authentiquement conservateur ou réactionnaire de la perpétuation d'un modèle pictural qui a, de longue date, perdu toute valeur critique et toute pertinence historique » (*Idem*, p. 310). Natacha Wolinski s'insurge de même : « Contre le règne immanent des icônes, une nouvelle grammaire raisonnée de la photographie est à inventer », « La vérité flouée », *idem*, p. 64.

16. La figure de l'absorption a été décrite par M. Fried dans *La place du spectateur, Esthétique et origines de la peinture moderne* (trad. franç.), Paris, Gallimard, 1990. Elle caractérise par exemple les

impose des figures telles la Pieta, la Déposition, la Nativité, « la *mater dolorosa* en fichu »[17] et la face christique qui prête ses traits à l'hagiographie de Che Guevara, notamment. À ces références historiques et religieuses, il convient d'ajouter le modèle récurrent du portrait qui, infiniment reproduit, peut devenir l'emblème d'un drame comme ce fut le cas pour *Afghan girl*, image d'une jeune afghane de treize ans réalisée par S. Mac Curry en 1985.

Loin d'être incidente, la rencontre de ces trois sources d'inspiration majeures – la peinture d'histoire, la peinture religieuse, le portrait – doit retenir toute notre attention. Elles correspondent en effet aux genres déclarés « majeurs » par l'Académie royale au 18e siècle, parce qu'ils incarnaient les actions et les passions humaines, à la différence de la peinture de genre considérée comme mineure et vouée *a contrario* à « tout ce qui n'est point Histoire »[18]. Ce rapprochement permet d'esquisser un parallèle entre les grands genres de la peinture, genres « affectés », et la photographie de presse, version la plus « affectée » de la photographie, mais elle légitime surtout l'emprunt iconographique : puisque la photographie de presse se voue, comme les genres majeurs de la peinture, aux drames humains, il n'est guère surprenant qu'elle en reproduise les motifs.

En examinant de plus près la terrible récurrence des catastrophes humaines, on aperçoit en tout cas un paradoxe intéressant : dans son effort pour adhérer à l'urgence de l'événement, à l'inchoatif, la photographie de presse recourt à une forme intemporelle, le motif qui agit alors comme un « convertisseur aspectuel ». Ce travail de conversion n'est que la prémisse d'un autre processus par lequel une *photo de presse*, sortant de l'actualité et se refroidissant d'elle-même, se transforme en *photo documentaire*[19].

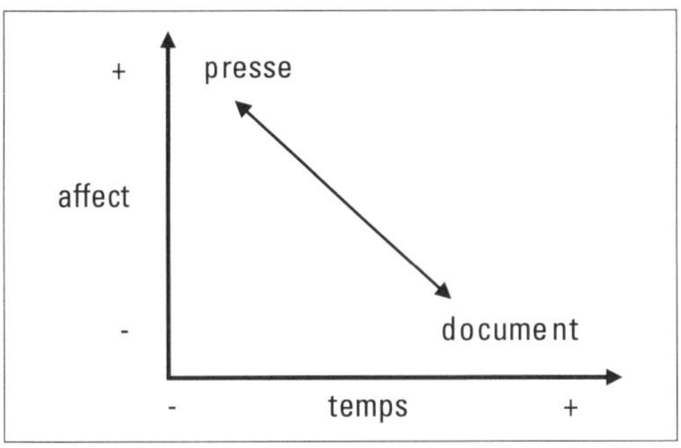

Fig. 1 : La conversion de la photo de presse en document

figures du premier plan des photographies d'A. Boulat et M. Franck, prises lors des manifestations de la République d'avril 2002. Voir Anne Beyaert, « Wölfflin, la couleur et la République », *Espaces perçus, territoires imagés en art* (S. Caliandro dir.), L'Harmattan, 2004, p. 171-189.

17. La figure est conspuée par Gilles Saussier dans « Situations du reportage, actualité d'une alternative documentaire », *idem*.

18. J. S. Chardin, par exemple, fut reçu en 1728, par l'Académie royale avec un agrément limité aux scènes de genre et à la nature morte. Pour une plus ample description de cette hiérarchie, on se reportera à Diderot, « Essais sur la peinture », *Œuvres complètes*, Paris, P. Vernière, 1968, p. 725.

19. « Dans le contexte ad'hoc, les photos de presse dont l'intérêt subsiste une fois passé le moment de leur actualité deviennent des images documentaires », note H. Becker dans « Sociologie visuelle, photographie documentaire et photojournalisme », *idem*, p. 348.

Le motif, voyageur mais polémique

Fussent-elles inspirées par la peinture d'histoire ou la peinture religieuse, ces diverses figures se laissent identifier à des *motifs* tels que les décrit Panofsky[20]. Celui-ci distingue le « motif artistique porteur d'une signification primaire ou naturelle » appelé iconographique, du motif « porteur d'une signification secondaire ou conventionnelle », dit iconologique. À cette aune, une femme éplorée se laisse identifier à un *motif iconographique* cependant certains traits particuliers, tels que le voile, suffisent à l'inscrire dans un *thème* qui dote le motif d'un contenu sémantique conventionnel lui donnant un statut *iconologique* : ainsi devient-elle une *mater dolorosa.*

La madone algérienne ressemble-t-elle à une *mater dolorosa* ? La comparaison prête sans doute à discussion mais ces arguties prévisibles, loin de nous éloigner de notre étude, permettent de comprendre le fonctionnement sémiotique du motif dont la particularité est précisément de se diffuser d'une pratique à l'autre en admettant l'invariance autant que la variation. La stabilité iconique se laisse déduire de la possibilité même d'identifier le motif mais elle suppose aussi un principe de variation pour donner lieu à ce que Deleuze appelle une « polyphonie » : « le motif est déjà polyphonique, un élément d'une mélodie intervenant dans le développement d'une autre et faisant contrepoint »[21]dit-il.

Cette dualité invariance-variation permettant de pallier toutes les hésitations de la ressemblance, il est aisé de suivre la mélodie des motifs de tableau en journal puis d'un journal à l'autre. Le motif se reproduit, identifiable mais différent. Chaque image de presse tend ainsi vers une autre, de drame en drame, les photos de la guerre du Vietnam fournissant le répertoire iconographique de toutes les autres pour entretenir le « bégaiement visuel de l'histoire »[22]. Toutefois, cette disposition à la *protension*[23], le fait que chaque image de presse incline toujours vers une autre, ne saurait occulter une autre caractéristique du motif dont certaines propriétés, imprimées dans l'épaisseur sémantique, déterminent la signification en faisant *contrepoint* (Deleuze)[24]. L'image de la Madone de Benthala est un bon exemple puisque la polémique suscitée par sa publication a révélé certaines propriétés saillantes. En effet, une *mater dolorosa* doit être une mère, or Oum Saâd, censée déplorer la mort de ses huit enfants, pleurait en fait

20. Erwin Panofsky, *Essais d'iconologie, Les thèmes humanistes dans l'art de la Renaissance*, Paris, Gallimard, 1967.

21. Dans *Qu'est-ce que la philosophie ?*, Paris, Gallimard, 1991, p. 180.

22. *Idem*, p. 309.

23. Une telle protension vient fragiliser la caractéristique accordée, de façon générique, à la photographie par Barthes qui la dit *rétensive* par opposition à la *protension* du cinéma. Roland Barthes, *La chambre claire, Œuvres complètes, t. 3. (1974-1980)*, E. Marty éd., Le Seuil, 1994, p. 1172.

24. On se reportera à l'article de Pascal Convert dans *Art Press*, n° 286. L'auteur rend compte de la controverse qui donna lieu à un procès intenté par la justice algérienne contre le photographe et l'Agence France Presse pour diffamation et tentative de déstabilisation du pouvoir. Il évoque la critique de Gilles Saussier fustigeant la colonisation de l'image par des modèles iconographiques chrétiens : « Que nous dit la "Madone" d'Hocine de la réalité du massacre de Benthala, selon tout vraisemblance orchestré par la junte militaire algérienne ? Rien. Pouvons-nous attribuer la douleur de cette femme, penser la complexité du politique de cet événement ? Non. Seul mérite : ressasser la tradition occidentale et l'actualiser au prétexte de l'événement. »

d'autres membres de sa famille. De plus, si la figure appartient à l'iconographie chrétienne, cette femme est musulmane. Ces arguments, révélés par la controverse, sont en fait les valeurs séminales du motif, les axes sémantiques proéminents qui déterminent le parcours interprétatif.

Cette description fonctionnelle du motif, entre souplesse et résistance, ne doit pourtant pas nous faire perdre de vue une caractéristique plus essentielle. En effet, et comme nous l'avons déjà suggéré, un motif ne se limite pas à un répertoire de figures – des femmes en fichu, des personnages « absorbés » – mais se conçoit avant tout comme une *mise en scène* d'une action ou d'un affect. À l'instar des genres « affectés » de la peinture, il incline donc à l'emphase, au paroxysme, à l'hyperexpressivité que Sontag, à propos de la *Pieta* de Minamata[25], associe aux formes convulsives du Surréalisme.

L'USAGE RHÉTORIQUE DU CLICHÉ

Lorsqu'ils migrent d'une pratique à l'autre, les motifs de l'image de presse manifestent en tout cas des usages rhétoriques particuliers. Un regard superficiel suffit tout d'abord à leur accorder une fonction d'emphase, ce gain de *présence* qui permet de marquer les esprits. « La puissance de cette photo tient en partie à ce qu'elle a en commun, du point de vue de la composition avec (des) tableaux »[26], note Sontag à propos de la photo de Che Guevara. Dans son dernier ouvrage, elle donne à ces images mémorables une valeur d'*emblème* en regrettant toutefois que, si elles permettent de conserver un drame en mémoire, elles n'en facilitent guère la compréhension[27].

Cette force élocutoire de l'« icône médiatique » se fonde sur une double efficacité rhétorique, à la fois cognitive et affective. Son usage rappelle des stéréotypes de l'écriture journalistique telles l'anaphore, fondée sur la reprise de segments antérieurs du discours, et la catachrèse qui sous-entend une déformation sémantique tout au long du discours[28]. À l'instar de ces figures rhétoriques, le motif assure la lisibilité immédiate des images en interrogeant l'hypersavoir[29]

25. Elle ajoute : « Du seul fait qu'il crée un double du monde, une réalité au deuxième degré, plus étroite mais plus dramatique que celle que perçoit la vision naturelle », S. Sontag, *Sur la photographie*, *idem*, p. 73.

26. Ce qui l'amène à affirmer : « Le Surréalisme est au cœur même de l'entreprise photographique ». Voir *Sur la photographie*, *idem*, p. 132-133.

27. « Laissons les images atroces nous hanter. Même si elle ne sont que des emblèmes, qui ne peuvent rendre compte de toute la réalité à laquelle elles renvoient, elles n'en accomplissent pas moins une fonction vitale », *Devant la douleur des autres*, C. Bourgois éd., 2003, p. 122.

28. La relation anaphorique suppose que certains éléments du discours ne peuvent être compris que si l'on prend en compte la relation qu'ils entretiennent avec des segments (mots ou groupes de mots) apparus antérieurement, dits *anaphorisés*. Dans le cas le plus simple, l'*anaphorisant* qui se substitue à l'*anaphorisé* est un pronom ou un adjectif démonstratif. Voir M. Arrivé, F. Gadet, M. Galmiche, *La grammaire d'aujourd'hui, Guide alphabétique de linguistique française*, Paris, Flammarion, 1986, p. 63.

29. Howard Becker explique : « si elle veut être instantanément lisible, l'image *ad hoc* devra s'adresser aux lecteurs qui possèdent déjà un tel savoir », « Sociologie visuelle, photographie documentaire et photojournalisme : tout (ou presque) est affaire de contexte », *Communications*, n° 71, « Le parti pris du document », Le Seuil, 2001, p. 347.

de l'observateur. Celui-ci étant pour ainsi dire « instruit par avance », son activité interprétative est facilitée.

L'efficacité se conçoit également au niveau de la réception affective de l'image. Il s'agit alors de susciter l'empathie en proposant des portraits dont les dispositions en termes de distance et d'interaction seront précisément contrôlées[30], au risque de susciter cette modélisation de l'émotion qu'a conspuée Chevrier à propos de la série *Enfants de l'exode* de S. Salgado, publiée dans le journal *Le Monde* au printemps 2000[31].

Outre cet effet pervers du portrait, il convient de souligner l'incidence des *observateurs délégués* qui accompagnent la scène principale et, à la façon des *figures pathétiques d'encadrement* de Louis Marin, indiquent ce qu'il faut voir mais aussi la façon de le recevoir[32]. Ainsi conçus, de tels stéréotypes cognitifs et affectifs s'inscrivent parmi les *règles normatives*, contextuelles et propres à la « stratégie informationnelle », que J.-M. Schaeffer[33] oppose aux *règles constitutives* et stables de la photographie. En tant que *règles normatives*, ces stéréotypes délimitent « le champ de recevabilité des différentes manières d'aborder une image photographique ».

Sur ces descriptions, nous commençons à mieux comprendre le fonctionnement des motifs journalistiques. S'ils se prêtent à la critique parce qu'ils modélisent l'interprétation et écrasent les réalités individuelles, il faut néanmoins les gratifier de certaines vertus morales parce qu'ils instaurent un socle de réception commun, une base *éthique* que chaque nouvelle image interroge et construit en même temps. Ce socle éthique élabore notre perception sociale des drames en instruisant une sorte de *ciment* social qui porte témoignage de notre humanité.

Motif et analogie

Mais la fonction rhétorique de ces motifs pourrait sans doute être complétée. En effet, nos propositions successives tendent à montrer que la représentation d'un événement ne va pas de soi et réclame une *médiation figurative* qui lui assure la *photogénie*. Sur cette exigence, l'événement rencontre le principe de l'*analogie* et du *parallélisme* décrit par Fontanille à propos du reportage[34].

Reprenons l'exemple de la Madone de Benthala. Dans ce cas, l'évocation de la souffrance d'une – prétendue – mère algérienne s'effectue par une comparaison avec celle d'une autre mère dont la représentation nous est familière. Profitant des commodités de l'analogie, le stéréotype de la *mater dolorosa* agit donc à la

30. L'incidence de la distance du portrait sur l'empathie est soulignée notamment dans Anne Beyaert, « Si l'absent était ici », *Sémiotique et esthétique, Actes du colloque Sémio 2001*, F. Parouty et C. Zilberberg (dir.), Limoges, PULIM, p. 389-403.

31. Dans un article publié le 19 avril 2000 et intitulé « Salgado ou l'exploitation de la compassion », J. F. Chevrier dénonçait « l'esthétique commerciale de la souffrance ». Le 4 mai, le quotidien publiait la réponse des photoreporters A. Mingam, R. Thérond et H. Cartier Bresson, se déclarant solidaires de la « générosité lyrique » de Salgado.

32. L. Marin, « Le cadre de la représentation et quelques-unes de ses figures », cahiers du MNAM, n° 24, 1988, p. 68.

33. J.-M. Schaeffer, *L'image précaire, Du dispositif photographique*, Le Seuil, 1987, p. 110.

34. Jacques Fontanille, *Soma et séma, Figures du corps*, Paris, Maisonneuve et Larose, 2004.

façon du « convertisseur de croyances » de Fontanille. C'est une « prothèse cognitive » qui mobilise un hypersavoir, permet de partager l'expérience sensorielle tout en convoquant, construisant et fortifiant une scène éthique. Mais son intérêt ne s'arrête pas là. Le motif assure aussi la projection de ce que Fontanille appelle un « facteur d'évidence »[35], une fonction sur laquelle il convient de s'arrêter pour comprendre en quoi la caution apportée au discours « court-circuite » le jugement épistémique, le « croire » de l'observateur.

Examinons nos exemples à l'aune du *Soma et séma* de Fontanille. Le journaliste-rédacteur qui est décrit dans cet ouvrage se montre disponible à l'événement, son corps agissant comme une « machine enregistreuse » disposée à la contingence, à « l'aventure qui affleure toujours plus ou moins dans le récit du reportage » et que traduisent des *détails spécifiques*[36]. Si, au moyen d'une « visée particularisante », ce reporter s'efforce de restituer « la vérité authentique », les motifs que nous décrivons fonctionnent autrement et dérogent au principe de la *contingence* en préférant la « vérité typique » (Fontanille) qu'exprime l'exemplarité de la *visée sélective.* Vérité typique ou vérité authentique ? L'alternative suffit en tout cas à mesurer les limites d'une figurativité *a priori* qui, pour mieux partager l'expérience, sacrifie la « vérité » de l'événement et met en cause cette « adéquation du langage à la réalité qu'il décrit » qui argumente la définition classique de la vérité[37].

Affect et esthétique

Nous avons vu comment, avec le temps, une photo de presse se transformait en document et ce constat pourrait être repris car avec le temps, une photo de presse devient aussi une photo esthétique. En effet, et sans qu'une quelconque prise en charge artistique soit nécessaire, l'affect s'y trouve suspendu, la photo du journal « refroidissant » pour ainsi dire d'elle-même. Avec le temps, l'affect se transforme en esthétique. Susan Sontag a observé cette intrigante conversion :

> « La plupart des photos ne gardent pas leur charge émotive. Les qualités et les intentions spécifiques des photos tendent à se fondre dans l'émotion poignante que suscite le passé en tant que tel[38] », dit-elle.

Elle ajoute que « le temps finit par situer toutes les photographies, même les moins professionnelles, au niveau de l'art »[39].

En somme, si nous savons que le temps suffit à « refroidir » l'image en transformant une photographie de presse en document, il faut aussi lui accorder le pouvoir de transformer l'affect en beauté.

35. *Idem*, p. 235.

36. *Idem*, p. 227.

37. Greimas définit la vérité sur deux critères : la cohérence interne et « l'adéquation du langage à la réalité qu'il décrit » dans, *Sémiotique et sciences sociales*, Le Seuil, 1976, p. 19-20.

38. S. Sontag, *Sur la photographie, idem*, p. 34.

39. *Idem.*

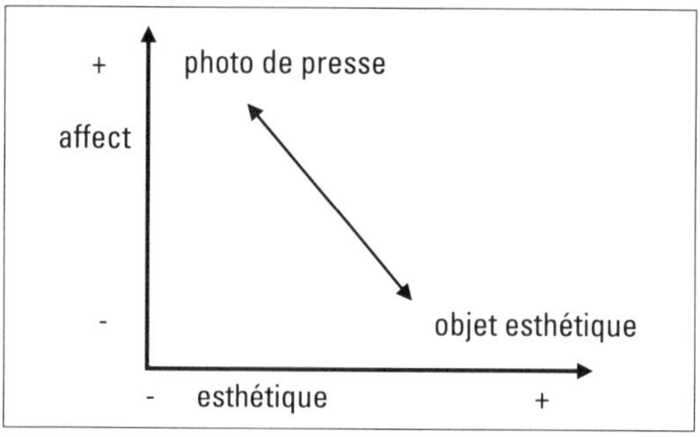

Fig. 2 : La conversion de la photo de presse en objet esthétique

Cette double conversion, aspectuelle et esthétique, qui convertit la photographie de presse, d'une part en un *document*, et de l'autre en un *objet esthétique* permet d'envisager une déperdition affective en même temps qu'un processus d'esthétisation de l'image[40]. On peut néanmoins s'interroger sur les dérogations éventuelles à ces conversions complexes ou, pour le dire autrement, non sans une profonde inquiétude, craindre que les images les plus marquées par l'horreur et en tout premier lieu les témoignages de l'holocauste, ne se déprécient et perdent leur charge émotive avec le temps.

Ces conversions intimes incitent en tout cas à préciser l'intentionnalité de la photo de presse. Puisqu'elle « s'esthétise » malgré elle, il convient de lui accorder *une intentionnalité esthétique adversative* et marquer la différence entre l'esthétique du *subir* qui serait le lot commun de toutes les photos et l'esthétique de l'*agir*, voire une *esthétique agissante* de l'art du fait que l'œuvre, en élargissant le champ de notre expérience sensible, détermine et instruit sans cesse notre sens de la beauté.

La photo de presse et l'événement

Résumons-nous. Nous voulions observer les conséquences du passage entre la pratique de la photo de presse et celle de la photo d'art en regardant les images, en suivant les commentaires de la critique, des artistes et des journalistes eux-mêmes. Pour l'instant, nous avons découvert un déplacement de valeurs s'effectuant pour ainsi dire de l'intérieur : l'image de presse refroidit toute seule et entre dans le lieu commun de l'objet esthétique.

Ce cheminement qui amène l'image affectée à perdre peu à peu sa dignité initiale, rencontre la définition de l'événement de Zilberberg[41]. Cet auteur oppose en effet l'*événement*, paroxysme d'intensité (le « feu » de l'événement) et l'*état* associé à l'extensité et à la lisibilité. Il décrit une conversion par laquelle le sujet parvient à configurer le contenu sémantique de l'*événement* en *état* : « l'événement entre insensiblement dans les voies de la potentialisation », dit-il, il

40. Une telle alternative concerne aussi les monuments de l'horreur, et peut être ressentie dans les ruines d'Oradour-sur-Glane en Limousin, par exemple, où le visiteur ne peut qu'être incommodé par la charge esthétique qui gagne peu à peu ce qui fut pourtant un lieu de massacre.

41. Dans *Précis de grammaire tensive*, PULIM, à paraître.

devient d'abord *mémoire* puis *histoire*. L'événement gagne ainsi en lisibilité, en intelligibilité, ce qu'il perd en acuité.

Si la transformation de l'*événement* en *état* ressemble fort à celle qui fait d'une *image de presse* un *document* par le simple fait d'une conversion aspectuelle, cet apport révèle son plus grand intérêt en ce qu'il montre que le temps est nécessaire à l'assimilation de l'événement. L'événement ne peut en effet être assimilé puisqu'il attaque la trame du discours et le décontextualise, explique Zilberberg[42]. C'est une *exclamation* contre le discours, c'est-à-dire contigu et opposé[43], ajoutc-t-il, montrant ainsi l'utilité du motif qui, telle une interface, un « convertisseur de croyance » (Fontanille), un *convertisseur de sens*, autorise la mise en discours et l'interprétation.

La définition de Zilberberg doit néanmoins être complétée. L'événement est bien ce qui *survient* et suscite donc l'*étonnement* du sujet, ce qui autorise d'ailleurs cet auteur à lui attribuer le mode d'efficience du *survenir*, par opposition au *parvenir* de l'état. Pourtant, si cette brusquerie laisse penser que l'événement ne se produit qu'une fois et réclame une définition *singulative*, l'événement tel qu'il traverse nos images de presse suppose plutôt un mode *itératif* : il est ce qui survient mais appelle aussi d'autres événements avec lesquels il entre en résonance, la signification provenant de leurs apports mutuels. En ce sens, l'événement se produit dans une *lignée*.

Une telle proposition permet en tout cas de souligner la connivence entre la répétition des événements et celle du cliché. « Dans le monde de l'image, explique Sontag, cela s'est passé et cela se passera éternellement de la même manière[44]. » Plus tard, cet auteur reviendra sur cette terrible disposition de l'image : « puisque les photos se font écho entre elles, il est inévitable que les corps émaciés des prisonniers bosniaques d'Omarska (...) ravivent le souvenir des photographies prises dans les camps en 1945 »[45].

Il faut donc mettre en rapport les *drames* du monde, toujours les mêmes, et la *dramaturgie*, elle-même récurrente, du stéréotype. Toujours étonnant, l'événement reste cependant prévisible de même que sa représentation est prévisible et s'accomplit dans le stéréotype. Et puisque chaque nouveau récit de l'horreur vient résonner avec un récit antérieur, il n'y a peut-être pas lieu de s'étonner lorsqu'un photographe comme G. Saussier raconte le désarroi de ses collègues qui, dans Koweit-city libérée regrettaient de n'avoir « pas une seule image de la guerre du Vietnam »[46].

42. L'*étonnement* que suscite l'événement s'explique par son caractère *improbable* et corrobore les propositions de Shannon et Weaver, *The mathematical theory of communication*, Urbana, The University of Illinois Press, 1949 ; trad. Française : *Théorie mathématique de la communication*, Paris, Retz-CEPL, 1975.

43. C. Zilberberg, *Précis de grammaire tensive*, *idem*, p. 200.

44. S. Sontag, *Sur la photographie*, *idem*, p. 197.

45. S. Sontag, *Devant la douleur des autres*, *idem*, p. 92.

46. Gilles Saussier, « Situations du reportage, actualité d'une alternative documentaire », *idem*, p. 308-309. Seule guerre amplement et librement photographiée et télévisée, la guerre du Vietnam marque l'apogée de la photographie-action. Elle a permis de constituer une sorte de catalogue iconographique, dans laquelle les photographes continuent de puiser, comme l'explique notamment André Rouillé, *La photographie*, *idem*, p. 178.

L'ÉVÉNEMENT COMME CRITÈRE DE DIFFÉRENCIATION

La forme figurative de l'événement, conçu comme un « resserrement du champ de présence » (Zilberberg)[47]permet de prévoir tous les critères de différenciation entre la photo de presse et la photo d'art. Au propre comme au figuré, l'événement contraint l'image de presse et la « resserre ».

Signes et figures

Les motifs iconologiques s'imposent tels des stéréotypes, des *icônes médiatiques.* Cette pression constitue des répertoires de figures et de mises en scène supposant une hyperexpressivité du visage et du corps (cris, pleurs, gestualité large) mais aussi des points de vue particuliers, le plus caractéristique de l'expressivité épique restant la contre-plongée.

D'autres prescriptions sont liées à l'impératif de lisibilité : pour représenter au mieux l'événement, l'image doit être nette, piquée et faciliter l'identification des protagonistes, conformément au contrat implicite de l'*exposition*[48]. Ces prescriptions figuratives méritent cependant commentaire. En effet, une pratique récente incarnée notamment par le quotidien *Libération* tend à admettre des images floues, des personnages de dos, libérant une créativité qui modifie le contrat implicite. Toutes ces dérogations vont néanmoins dans le sens de l'événement, témoignent d'un nouveau privilège accordé au *détail spécifique* sur le *détail exemplaire* et souscrivent, en fin de compte, au principe de *contingence* du récit de témoignage[49].

Textes et énoncés

La légende fonde le sens de l'image. Cette affirmation, faite en maints endroits et notamment par Benjamin[50] trouve une illustration intéressante dans l'histoire, racontée par Freund, d'une photographie de Doisneau dont le sens se modifia au

47. Cette figure du resserrement s'accorde à la description du *corps-point* du reporter qui, concentré sur un point, inscrit sur le lieu de l'événement, assure la légitimité du témoignage. La forme du point convient aussi à la morphologie de l'événement, « instantané », « concentré », « ponctuel » et assurant un « resserrement du champ de présence » explique C. Zilberberg, *Précis de grammaire tensive, idem*, p. 185.

48. Howard S. Becker explique pourquoi une photo de R. Franck n'est pas une photo de presse : « Les personnages ne sont pas identifiés et les journaux montrent rarement des photos d'anonymes. Tout au contraire : on apprend aux photojournalistes [...] à noter les noms de ceux qu'ils photographient ainsi que toute autre information pertinente [...]. Il faudrait aussi que l'image ait une légende différente de celle que lui a donnée Franck, par exemple : "Le sénateur Untel du Rhode Island discute stratégie électorale avec deux assistants". Mais, là encore, il est peu probable que la photographie soit publiée dans un quotidien, à cause de son grain, du flou et parce que les deux assistants nous tournent le dos. » Voir « Sociologie visuelle, photographie documentaire et photojournalisme », *idem*, p. 344.

49. Ainsi, lorsqu'une « une » célèbre du quotidien *Libération* du 22 avril 2002 présente Jean-Marie Le Pen le menton levé et sans légende, sans souci de faciliter l'identification, il faut évoquer une *fonction conative* du portrait patibulaire. De même, lorsque la une du 6 mai, lendemain de l'élection présidentielle, représente Le Pen de dos, en plus petit, suggérant un effet de départ : l'organisation texte/image extrêmement savante va dans le sens de l'événement et congédie déjà le candidat décrié.

50. Benjamin se demande si la légende doit « devenir l'élément le plus essentiel du cliché » car sans elle « toute construction photographique ne peut que rester dans l'à-peu-près ». « Petite histoire de la photographie », *Essais 1*, 1922-1934, trad. française M. de Gandillac, Denoël/Gonthier, 2000, p. 168.

gré des insertions et des légendes qui l'accompagnaient[51]. Plus efficace que n'importe quelle démonstration théorique, la proposition de l'artiste allemand T. Ruff consistant à supprimer, dans une série intitulée *Zeitungsfoto* (1990), la légende de photographies tirées des journaux (une salle de conférence, un portrait, la silhouette d'un poisson sortant de l'eau...), révèle l'importance de la légende en montrant comment l'oblitération libère la polysémie de l'image. Parmi les contributions historiques à la question, rappelons aussi l'apport de Barthes qui associe au texte des fonctions d'*ancrage* ou de *relais*[52], selon que celui-ci stabilise le sens de l'image, la « chaîne flottante du sens », ou livre les informations contextuelles que l'image ne peut livrer.

À ces commentaires attendus sur la fonction sémantique de la légende, Sontag[53] ajoute une caractéristique méconnue qui, comme elle l'assure à propos d'une exposition de photographies du World trade center, ne s'impose qu'avec le temps, la proximité de l'événement suffisant à argumenter une légende mémorielle. Son commentaire mérite une précision. En effet, l'exposition qu'elle évoque, constituée de photos toutes prises le 11 septembre et présentée à deux pas des lieux du drame, impose dès l'abord son isotopie thématique, c'est sans doute ce qui rend la légende superflue.

À la différence des photos de presse dont la légende est si essentielle, les photographies d'art ne sont pas légendées, cette mention écrite trouvant alors son équivalent dans l'*étiquette*, également appelée *cartel*. L'échange s'effectue d'ailleurs au prix d'un glissement épistémologique intéressant puisque, si la légende stabilise le sens de l'énoncé photographique considéré dans sa dimension figurative, on s'aperçoit que le cartel de la photo d'art stabilise le sens en intervenant à un autre niveau de pertinence, celui de l'*objet*, dont il rassemble les principales caractéristiques : le titre, l'auteur, les dimensions et les propriétés du *support* en tant que support formel et matériel. Dans le premier cas, le texte écrit est donc *transitif* et renvoie à l'événement ; dans le second cas, il est *intransitif (réflexif)*.

Avec la notion de *cadrage*, la métaphore du resserrement devient particulièrement éclairante. En effet, la photo de presse cadre l'événement de près, les visages et les corps de près pour adopter ce schéma resserré (*étendue faible* et *forte intensité*) que nous reconnaissons d'une photographie de l'horreur à l'autre. Un tel ajustement au corps du modèle répond à un souci rhétorique. Il permet d'entrer dans la *distance intime*[54] pour recueillir l'expression des visages et restituer l'affect, souvent paroxystique, de l'événement[55]. Serrer corps et figures de près

51. Elle raconte comment une photographie de Robert Doisneau montrant « une jeune fille en train de boire un verre de vin au comptoir d'un café parisien, à côté d'un monsieur d'un certain âge » illustra une première fois un numéro du magazine *Le Point* consacré aux bistrots puis, confiée à une agence, apparut dans un petit journal édité par la ligue antialcoolique puis dans une revue à scandale sous le titre « Prostitution aux Champs Élysées », avec des légendes à chaque fois différentes, ce qui valut différents procès, intentés par l'homme photographié, un tranquille professeur de dessin. Voir *Photographie et société*, Le Seuil, 1974, p. 173-174.

52. R. Barthes, « Rhétorique de l'image », *Communications*, n° 4, Paris, Le Seuil, 1964.

53. S. Sontag, *Devant la douleur des autres*, *idem*, p. 90.

54. E. T. Hall, *La dimension cachée* (trad. française), Le Seuil, 1971.

55. Les photographies de Luc Delahaye qui prennent le parti de s'éloigner de la scène de l'événement sont une alternative intéressante à cet usage médiatique.

répond également à une contrainte économique, aux « devoir-faire » imposés par la pratique et le support : la photo étant diffusée dans un journal, elle entre le plus souvent dans une maquette contrainte où lignes et millimètres sont comptés.

Objets et supports

Comment les deux pratiques formatent-elles les objets et leurs supports ? Les photos de presse sont imprimées sur du papier, dans un journal, ce qui tend à réduire leurs dimensions. Si la photographie d'art utilise, elle aussi, les supports en papier, ce sont des revues. On peut d'ailleurs noter, en voyant là un témoignage créatif des interférences actuelles entre les univers photographiques, l'apparition d'une sorte de *terme complexe* entre art et information, le portfolio qui contient des photos représentant indifféremment l'une ou l'autre pratique – une série artistique signée J. Dieuzaide pour une édition du *Monde 2* ; des photos du parcours de migrants camerounais en route vers l'Espagne, dans l'édition suivante.

Pratiques et scènes

La comparaison entre les deux pratiques fait apparaître des *scènes typiques* distinctes convenant, d'un côté, à la lecture du journal, et de l'autre, à la contemplation et à l'esthésie, à la perception esthétique. En cela, les deux pratiques fondent des expériences perceptives distinctes et, conçues pour deux types d'*actant collectif*, instaurent deux façons de construire un « faire commun ». Tandis que la photographie d'art exposée au musée s'adresse dès l'abord à un *public de visiteurs*, la photo de presse vise un *actant individuel*, le lecteur de chaque journal que la multiplicité des exemplaires convertit cependant en *actant collectif*. La pratique de lecture du journal accompagne en outre l'aspectualité caractéristique de l'événement qui, lorsqu'il entre dans la *mémoire* et dans l'*histoire* en se diffusant dans le temps, perd aussi son acuité.

Les stratégies

Nous avons décrit la stratégie énonciative de la photographie soumise à la contrainte de l'événement mais il serait judicieux de voir comment l'art s'ajuste à cette stratégie pour en faire la critique et porter témoignage à sa façon. Comment l'art résout-il finalement l'épineuse équation de l'événement ? question corollaire : comment l'événement, ce « je ne sais quoi qui laisse sans voix »[56] peut-il s'énoncer tout de même ?

Il semble que la mise en œuvre d'une stratégie critique oblige à intervenir dès les niveaux élémentaires de la signification, soit au niveau des figures. Ainsi conçues, ces stratégies critiques s'affirment, d'un point de vue sémiotique, plus ambitieuses que celle du *Most wanted man* de Warhol, dont la dimension figurative manifeste encore un ancrage dans la *pratique source*, l'appropriation artistique se faisant, non pas au niveau des figures mais au niveau de pertinence de l'*objet*. L'actualité artistique révèle alors plusieurs alternatives figuratives.

56. C. Zilberberg, *Précis de grammaire tensive*, *idem*, p. 194.

1. La suspension de la pression temporelle de l'événement

Une première stratégie consiste à relâcher le lien aspectuel pour s'affranchir de l'instantanéité de l'événement. On « refroidit » ainsi l'image en présentant une scène désertée, que l'observateur remplira à sa guise en mobilisant son hypersavoir figuratif : en somme, il suffit d'illustrer la scène avec les images d'horreur qui conviennent...

Une démarche exemplaire consiste à assurer, au moyen du titre, l'ancrage dans l'événement. C'est le cas de S. Ristelhueber[57], par exemple, qui présente des photographies de palmeraies calcinées, prises en Irak et évoquant une armée en déroute. Ce sont des vestiges de la guerre Irak-Iran qui témoignent de « l'après-événement » pourtant, au-delà de cet effet de retard, ces photos évoquent, en raison du caractère répétitif de l'événement, tous les conflits susceptibles de se produire au même endroit. Elles montrent en outre ce que les autres oblitèrent, le sol qui garde la trace de la guerre comme une surface d'inscription.

La série de P. Faure intitulée *Oradour 2001*, procède de même. Sur le modèle des images documentaires de B. et H. Becher, elle isole des pavillons représentatifs de l'architecture populaire de l'après-guerre, tous à peu près identiques et pareillement désertés. La seule référence à l'événement, susceptible de « déclencher » l'activité interprétative vient du titre, nom de cette petite commune de la Haute-Vienne dont les habitants furent massacrés au printemps 1944. Par ces images dépouillées, Faure rappelle que les « banques de données de l'inconscient collectif »[58] peuvent être mobilisées et suffisent à « remplir » les scènes de leurs figures prévisibles. Dans ce cas, le photographe est encore en retard sur l'événement à moins que, jouant sur la terrible *protension* des événements, il ne précède autre chose... L'événement, dit Faure, c'est « ici mais n'importe quand ».

Dans ce rapide inventaire pourraient également s'inscrire les *Nuits* de T. Ruff, des photographies urbaines saisies avec un instrument de vision nocturne. Inspirées à l'artiste par les images de la guerre du Golfe, celles-ci sont traitées dans une couleur verte caractéristique qui suffit à transformer une banale observation en scrutation voire en surveillance, adoptant ainsi le schéma de la vision rapprochée (étendue faible, intensité forte). Surtout, la coloration et la résolution caractéristiques des appareils de surveillance étant associées dans l'actualité télévisuelle à des contenus dysphoriques, ces propriétés suffisent à dramatiser la scène et à instaurer – fût-ce sur d'anodines vues de parcs et de maisons – un effet de suspense effrayant : « Chaque endroit est une scène de crime en puissance » estime l'artiste[59]. Dans ce cas, et à la différence des séries précédentes, l'ancrage événementiel n'est pas assuré par la spécification du titre – les photographies sont sobrement intitulées *Nacht 1*, *Nacht 2*... – mais seulement suggéré par les propriétés superficielles de l'image qui interrogent l'hypersavoir de l'observateur.

57. Les séries de S. Ristelhueber (Iraq, 2001) et P. Faure (Oradour, 2001) étaient présentées lors de la très belle exposition *Paysages invisibles* du musée départemental d'art contemporain de Rochechouart, à l'automne 2004. La première est reproduite dans C. Cotton, *La photographie dans l'art contemporain* (traduction française), Thames & Hudson, 2005, p. 166.

58. N. Wolinski, « La vérité flouée », *idem*, p. 63.

59. Cité par R. Durand dans « L'imagerie laïque de Thomas Ruff », catalogue de l'exposition monographique du Centre national de la photographie, Paris, 1997, p. 12.

La suspension de l'événement ne va cependant jamais aussi loin que dans les monuments[60] de l'artiste chilien Alfredo Jaar, des échafaudages de cinq cent cinquante boîtes hermétiquement closes, renfermant chacune une épreuve photographique de la guerre civile du Rwanda. Soustraites à la vue, les images ne sont accessibles que par l'intermédiaire d'une description consignée sur le couvercle des boîtes, et se substituant à elles.

2. La simulation de l'événement

La simulation de l'événement est une autre stratégie alternative à laquelle se sont voués les photographes revendiquant le « ça peut être » du numérique. Dans ce cas, ni le *corps-point* du reporter ni les données spatiales et temporelles ne sont sollicités et le motif assure seul l'ancrage dans l'événement, dans le « ça » exclamatif de l'événement, qui rencontre le « ça a été » de Barthes. Une première illustration est fournie par l'agence *Advantis Pictures* spécialisée depuis 1998 dans la diffusion de photos préfabriquées d'événements. L'une de ses prouesses consista à vendre à cent cinquante magazines des photos de l'éclipse solaire d'août 1999 avant que celle-ci n'ait lieu. Anticiper l'événement, c'est également ce que propose l'artiste E. Levé qui joue avec les clichés de la presse quotidienne en composant de fausses photos d'actualité, telle celle d'une cérémonie de coupure de ruban, célébrée par des édiles en costume-cravate (*L'inauguration*, 2001)[61].

Le cas le plus exemplaire reste cependant celui de l'artiste Zbigniew Libera qui, au lendemain de la prise de Bagdad par les Américains, fit paraître à la une de l'hebdomadaire polonais *Przekroj*, la photo d'une Irakienne étreignant un GI, image symbole fabriquée en studio plusieurs semaines avant la prise de Badgad. Exposée sur une cimaise de la galerie Magda Danysz[62] à Paris, cette photo avait la particularité de conserver les marques de la première énonciation, faites par la revue, l'image dévoilant ainsi le pli et l'épaisseur des pages, de même que la typographie de la une. En révélant ainsi le *support*, elle thématisait l'énoncé comme *objet*. Faisant son propre commentaire sous forme de métadiscours, elle validait aussi son statut d'œuvre *moderne* tel que l'a défini Greenberg[63]. Surtout, la conservation de ces marques prédicatives par la pratique journalistique manifeste une incidence *véridictoire* : elle suffit à transformer l'image en un « mensonge vrai » qui, à la façon du trompe l'œil, dévoile son propre subterfuge et son souci éthique.

60. Ces monuments sont des sortes d'intermédiaires entre les *Boîtes de merde* de P. Manzoni et les monuments invisibles de Jochen et Ester Gerz décrits dans Anne Beyaert, « Comment représenter la Shoah ? », *Communication & langages*, n° 120, 1998, p. 95-106.

61. Cette photographie est intéressante à plus d'un titre car elle révèle à un regard un peu exercé quelques arcanes du changement de pratique. Ainsi certains éléments textuels (le cadrage est trop large, la presse locale s'autoriserait à couper les pieds des actants) voire figuratifs (un ruban rouge et non tricolore) suffisent à révéler la simulation et l'emprise de la pratique artistique.

62. La série était présentée par la galerie Magda Danysz en novembre-décembre 2004.

63. Voir à ce sujet le célèbre essai de Clement Greenberg, « Avant-garde et kitsch », dans *Art et culture, Essais critique* (trad. française de Ann Hindry), Macula, 1989.

Éthique et parodie

Il conviendrait sans doute de discuter plus longuement cette notion d'éthique, les photographies de Z. Libera donnant une consistance très particulière à nos interrogations. En effet, une autre stratégie de cet artiste, incarnée par la série *Des corps désinvoltes dans l'histoire*, consiste à imiter la composition des photographies de presse célèbres – la fillette vietnamienne brûlée au napalm courant sur un chemin ; des soldats allemands soulevant allégrement la barrière d'une frontière ; le cadavre de Che Guevara gisant devant des militaires – mais sur le mode de la parodie, en opérant le renversement axiologique du burlesque. Au lieu de représenter des affects négatifs, ces images subissent une valorisation positive que confortent la connotation ludique de certains accessoires et l'expression joyeuse des protagonistes : la fillette devient une naturiste courant au milieu d'adeptes de l'aile volante ; les soldats allemands sont des cyclistes en promenade et Che Guevara fume une cigarette au milieu d'un cercle amical… Libera décrit sa démarche comme une façon de se réapproprier la culture : « la culture, tout comme la nature devient petit à petit l'environnement naturel de l'homme, assure-t-il. Je considère mes œuvres comme un moyen de contrôle sur ce qui a modelé mon moi[64]. »

Or il reste qu'en renversant ainsi le contenu sémantique d'événements insoutenables, ces images persistent dans l'insoutenable comme le révèle l'atroce parodie des photographies prises à la libération du camp de Buchenwald, où les déportés, vus par Libera, deviennent des sortes de campeurs hilares portant pyjamas rayés et sacs de couchage. Ces photographies laissent sans voix, le jugement esthétique perdant toute consistance et cédant devant le jugement moral. Elles rappellent pourtant une dérogation de Sontag. Certes toutes les photographies, prennent inéluctablement la beauté du passé, assure-t-elle, fussent-elles représentatives d'une souffrance, mais certaines d'entre elles pourraient bien résister tout de même à l'emprise esthétique : ce sont précisément les images de camp de concentration qui, à chaque fois que nous les revoyons, expriment l'inhumanité comme la première fois que nous les avons vues.

ANNE BEYAERT-GESLIN

64. Voir l'interview de l'artiste sur le carton d'invitation de la galerie M. Danysz.

ACTES DU COLLOQUE DE CERISY, juillet 2004
Coordonné par Catherine Espinasse, Luc Gwiazdzinski et Edith Heurgon, éditions de l'Aube, 2005
La nuit en question(s), Prospective d'un siècle à l'autre (VI)
ISBN 2-7526-0156-5

Une psychosociologue, Catherine Espinasse, un géographe, Luc Gwiazdzinski, et Edith Heurgon, engagée dans la « prospective du présent », se sont retrouvés à Cerisy en juillet 2004 pour animer un colloque voué à la Nuit.

Si les personnes mêmes des organisateurs évoquent l'interdisciplinarité, la diversité des discours représentés par les communicants renforce cette impression : philosophes, scientifiques, artistes, économistes, infirmiers, se sont succédé, tous gens de la nuit, à un titre ou un autre, multipliant les questions sur les images, les sens, les valeurs, les usages de la nuit.

Il ne faut pas se tromper sur la signification de cette diversité : elle n'est pas issue de précautions scientifiques ; nulle intention d'exhaustivité ou de représentativité, nulle recherche d'un modèle d'analyse de la nuit contemporaine. Mais un parti-pris, ouvrir le colloque à l'aléa des rencontres, favoriser les incidents ou les surprises, donner au colloque la tournure incertaine d'une promenade de nuit, entre fête et mélancolie. Car cette démarche heuristique a laissé leur place aux peurs, archaïques ou urbaines, aux souffrances, celles des nuits de l'hôpital, entre travail et terreur de mort.

Les questions sont demeurées, ne serait-ce que parce que, selon la volonté des hôtes, le colloque s'est soumis à la nuit : traversée crépusculaire de la Baie du Mont Saint-Michel tout proche, soupe à l'oignon de mi-nuit dans les salles du château, art numérique nocturne zébrant de ses faisceaux les dépendances et les prairies, sons de chauves-souris orientant les vols aveugles, aube célébrée par Sonia Masson, disant quelques récits de rêves d'Hélène Cixous dans les serres sous la rosée.

Les actes du colloque restituent l'humeur de cette troupe plurielle, sa cavalcade dans le château de Cerisy, ses bruissements, ses attroupements, ses attardés et ses tôt levés. Ce n'est pas le moindre mérite de ce livre savant : variante de l'herbier, livre de souvenirs, carnets de travail, il porte, masquées sous l'essai théorique, les traces actives d'un été champêtre et studieux.

Une anthropologie d'un « bien naturel »

Dans ce livre imposant de 300 pages sont rassemblées une trentaine de communications qu'aucune harmonie ne cherche à lier définitivement. Les solides introductions sont des résumés des contenus qui soulignent la succession quasi organique des interventions. Les synthèses donnent de quoi passer d'un thème à l'autre ; les différentes parties ordonnent en quatre thèmes l'écho de cette décade : une première partie, « Penser la nuit », rappelle le lien naturel, psychique, poétique, sensible que l'humanité – et l'individu – entretiennent avec la nuit. Si ces vues sont données par la philosophie (Robert Lévy) et la psychanalyse (Alain Didier-Weil) ou l'évocation de la nuit épique chez Homère (Kelly Basilio), c'est Edith Heurgon qui conclut cette partie : penser la nuit aujourd'hui, c'est la protéger, défendre l'ombre, pour réinventer le jour. Un sens directeur du colloque est alors donné. La nuit est menacée par la lumière électrique, par le travail flexible, par la mobilisation nocturne des marchés de consommateurs. Une économie de la nuit réclame une pensée prospective, une intégration de la nuit comme bien inaliénable, comme objet inappropriable également.

Le projet du colloque se confirme : les « Pratiques individuelles et collectives » (Partie 2) ne sont pas indépendantes des « Enjeux économiques et sociaux » (Partie 4). Les « Expériences artistiques » (Partie 3) sont un lien entre ces réalités et la nuit onirique de chacun ou la nuit artificielle du cinéma ; mais elles soulignent aussi la faille angoissante entre la nuit des villes et la nuit cosmique que seule sait lire l'astronomie ; ce qui est en cours n'est pas la construction progressive d'un objet scientifique honnête, mais une anthropologie incertaine, dont la force tient au voisinage entre poésie et consommation. Consommation s'entend alors un peu à la façon de Dominique Desjeux, consommation du temps, de la lumière, de l'*otium*, des transports, relation entre un sujet, en immersion dans un milieu, la nuit, et divers objets. Se rattachant indirectement à l'histoire des choses banales de Denis Roche [1], cette Nuit en question(s) évoque la transformation des objets naturels en biens rares, ou, autrement dit, le cheminement qui rapproche de façon de plus en plus inextricable des sensations et des consommations. Elle dessine un objet complexe et qui le restera : l'économie contemporaine a trouvé des façons d'habiter la nuit et d'en tirer des extensions d'activités. Le colloque, en rapprochant sans tabou la nuit des rêves, la nuit des fantasmes, la nuit des profits, montre un trait de la modernité que la recherche d'un futur acceptable force à prendre en compte. Le continuum entre le jour et la nuit n'est pas un simple projet organisationnel (rentabiliser des matériels, répondre à des attentes, civiliser la nuit), c'est aussi une amplification des tensions, des intensités, des contrastes, des violences entre l'intime et le collectif, les sujets et les foules. Notre colonisation de la nuit marque une prétention culturelle sans borne, la maîtrise et la productivité appliquées à des éléments qui ne sont cependant pas des matières premières.

Vers des objets étranges ?

L'économie a ainsi malgré elle partie liée avec la poésie, l'imaginaire, l'intime, la tradition telle que l'expriment les rites, les peurs et leurs conjurations. Conquérir, par des astuces d'organisation, les territoires de la nuit comme une extension (Luc Gwiazdzinski) ou une inversion du jour (Anne Perraut-Soliveres) n'est pas anodin. Cela revient à rendre banal ce qui pourrait être l'exception (le voyage de nuit, le transport de nuit, la nuit blanche) ou à rendre exceptionnelle la banalité (le sommeil, la nuit noire). En accusant le trait et en dégageant la mixité profonde du jour et de la nuit, de la fête et du travail, le colloque trace les circuits d'une nouvelle productivité, qui mobilise l'énergie nocturne et la mobilité. La subjectivité s'y transforme : car ce nuit-jour ou jour-nuit atteint la perception, modifie les relations, joue sur la cognition, les émotions, les actions.

Si bien que de ce livre dense, libre et ambitieux sort entre les lignes un programme anthropologique, qui sous l'égide de la « prospective du présent », va sans doute persévérer dans l'étude foisonnante d'objets qui rappellent les « hybrides » de Bruno Latour, entre nature et culture, et dont fait partie sans conteste cette « Nuit de Cerisy ».

SOPHIE PÈNE

1. Roche Daniel, *Histoire des choses banales*, Fayard, 1997.

ROXANE JUBERT

Graphisme, typographie, histoire.

Préface de Serge Lemoine, Flammarion, 2005, 432 p., 75 €

La production éditoriale française s'intéressant aux arts graphiques, dans une perspective encyclopédique, avoisine zéro. Et soudain, coup double, le présent ouvrage de Roxane Jubert, *Graphisme, typographie, histoire* paraît simultanément avec l'*Histoire du graphisme en France* de Michel Wlassikoff. Serge Lemoine, préfacier de R. Jubert (et président du musée d'Orsay) ne manque pas d'interpeller les trop académiques « conservateurs » en chef de ce secteur. Entre les musées et les grandes bibliothèques, faites votre choix des carences et oublis.

Points communs des deux ouvrages, une qualité graphique exemplaire, une recherche étendue de sources d'illustrations nouvelles – le sujet oblige – et un niveau qui avoisine l'érudition. R. Jubert est sur-titrée : docteur en histoire de l'art (Sorbonne), graphiste, enseignante à l'ENSAD, auteur, elle possède une singulière polyvalence.

Comme dans l'ouvrage de Michel Wlassikoff, la chronologie s'est imposée. Mais le texte de Roxane Jubert est d'une si forte densité que dans quelques cas l'illustration a un espace restreint, qui rend parfois malaisé son décryptage ou sa valeur démonstrative. Mais dans les deux ouvrages, l'originalité de l'iconographie est telle que, si l'on est passionné par la chose graphique, le recours à l'un et à l'autre s'impose.

Cependant, si M. Wlassikoff accorde une large place aux créateurs étrangers ayant exercé en France, le parti pris de R. Jubert diffère fortement : son approche par pays (et par époque) approfondit les perspectives internationales ; ainsi la Grande-Bretagne, les États-Unis, les Pays-Bas, l'Allemagne, l'Autriche, jusqu'à la fin du XIXe siècle sont excellemment représentés.

Le début du siècle suivant, celui des avant-gardes expressionnistes, puis futuristes, accorde aussi une juste place aux Italiens, aux Russes, aux pays de l'Est comme aux Néerlandais, et sur le plan iconographique les références sont éblouissantes. Même un lecteur très averti découvrira nombre d'inédits. Pareillement pour les documents sur le nazisme et le stalinisme.

L'Europe de la seconde guerre mondiale, qui inaugure « un nouveau stade de l'imagerie de propagande », dont celle de l'Occupation, nous vaut des commentaires peu amènes sur plusieurs graphistes français, dont Maximilien Vox qui se mit au service du Maréchal. L'affichiste Jean Carlu, lui, reste exemplaire.

À l'instar de la Suisse, pour laquelle l'auteur marque une légitime admiration et une place en conséquence, les États-Unis se révèlent un centre de recherche graphique exceptionnel ; il est vrai que les budgets publicitaires y sont colossaux, la presse pourvue de moyens incomparables et les *Art Directors* puissants.

Du côté de la France, Savignac est trop modestement représenté en regard de ses dons, comme Roger Excoffon, créateur de nombreux caractères, dont le Mistral, une réussite internationale. Mais les hommes du livre – ceux des clubs, Pierre Faucheux et Massin ont leur place à la mesure de leur influence. Dans sa bibliographie, la revue *Techniques graphiques* eût mérité d'être citée. Pour le dernier tiers du XXe siècle, le brassage international est bien traduit par l'auteur à travers sa formule « tout possible et radicalisation ». La contestation – de la New Wave au mouvement punk et à l'esprit de 68 – à travers l'Europe et au-delà, aboutira... à l'avènement du numérique.

Dans ses conclusions, par nature ouvertes à nombre d'hypothèses (celles des créateurs, des critiques et des spectateurs que nous sommes), l'auteur traduit toute l'ambivalence des actuels débats. Un beau livre graphique à méditer, une singularité.

PHILIPPE SCHUWER

LES AUTEURS

dans ce numéro
de *COMMUNICATION & LANGAGES*

Pierre Fresnault-Deruelle est professeur de sémiologie de l'image à l'Université Paris I (Panthéon-Sorbonne). Auteur d'une quinzaine d'ouvrages, il a notamment publié *L'éloquence des images* (PUF, 1993), *Petite iconologie des images peintes* (L'Harmattan, 2000), *Hergé ou la profondeur des images plates* (Moulinsart/Flammarion, 2002). Il dirige, en outre, Le Musée critique de la Sorbonne en ligne : <http://mucri.univ-paris1.fr>.

José-Manuel Nobre-Correia est professeur au Département des Sciences de l'Information et de la Communication de l'Université Libre de Bruxelles où il enseigne la théorie de l'information journalistique, l'histoire et la socio-économie des médias. Par ailleurs, il y coordonne le Service Médias et dirige l'Observatoire des Médias en Europe.

Sophie Pène est maître de conférences à l'Université René Descartes - Paris V et membre du CERLIS. Ses objets de recherche sont les écrits professionnels, le travail à distance, les communautés du travail en réseau. Elle a présenté en décembre 2005 son dossier d'habilitation à diriger des recherches, intitulé *Société de disponibilité, la vie quotidienne des communautés artificielles* (Paris-IV Sorbonne, GRIPIC). Sophie Pène est membre du Comité de rédaction de *Communication & langages* où elle a notamment dirigé le dossier « Son et multimédia » (n° 141, septembre 2004).

Olivier Aïm est doctorant en SIC à l'Université de Paris-IV Sorbonne/CELSA et fait une thèse sur la notion de panoptisme dans les dispositifs télévisuels. Il a notamment publié « Une télévision sous surveillance » dans le numéro 141 de *Communication & langages*. Ses autres recherches portent plus généralement sur les médias et les régimes intermédiatiques de circulation des discours. Il a participé notamment au programme de recherche « Concertation, Décision et Environnement » (ADEME, ministère de l'Écologie, CNRS) visant à analyser les métamorphoses que les médias informatisés opéraient sur le débat public de type environnemental.

Gloria Awad est maître de conférences à l'Université d'Artois, chercheur au Groupe de Recherche Interdisciplinaire sur les Processus d'Information et de Communication (GRIPIC), CELSA, Université Paris IV-Sorbonne et au Centre d'Etudes et de Recherches Interdisciplinaires sur les Médias en Europe (CERIME), Université Robert Schuman, Strasbourg. Ses recherches portent sur la dissémination du journalisme, modèle occidental de médiation et de médiatisation. Elle a publié *Du sensationnel. Place de l'événement dans le journalisme de masse* (L'Harmattan, 1995).

Samira Ouardi est doctorante en Sciences de l'Information et de la Communication au GRIPIC (CELSA, Paris IV). Ses travaux portent sur la place, les formes et la fonction de la communication dans les formats d'action de la gauche et l'extrême gauche française. Elle a publié : « Internet dans la campagne présidentielle 2002 : un pas de plus vers l'appropriation des médias informatisés » in *La communication politique française après le tournant 2002*, L'Harmattan, juin 2004.

Michael Rinn est agrégé en lettres et docteur de l'Université de Paris-Sorbonne. Professeur en sciences du langage à l'Université de Bretagne Occidentale, il est membre du Céditec Paris XII, EA 3119. Il a publié des travaux en linguistique textuelle sur l'indicible de la Shoah (*Les récits du génocide*, 1998) et contribue à la modélisation de la littérature de l'extrême contemporain (« *Le sang du ciel* de Piotr Rawicz. Pour une lecture déplacée » (2003) ; « Imre Kertész. Une écriture de l'extrême contemporain », 2005). Depuis plusieurs années, il analyse l'articulation nouvelle des discours convaincants (*Rhétorique des discours publics*, 2002), théorisant le fonctionnement rhétorique et pathique de l'Internet (« Cybernégationnismes », 2006 ; « Réfutations négationnistes », à paraître).

Fabien Labarthe est membre du laboratoire « Culture & Communication » à l'Université d'Avignon et rédige actuellement une thèse en Sciences de l'Information et de la Communication sous la direction d'Emmanuel Ethis. Ses recherches portent sur les liens entre culture populaire et nouvelles technologies. Dernière publication : « Les jeunes du quartier, l'ECM et Internet : ethnographie d'une appropriation collective », in *Enjeux et usages des TIC : aspects sociaux et culturels*, Presses Universitaires de Bordeaux, 2005.

Maria Giulia Dondero s'est formée à l'Université de Bologne en Sémiotique de l'Art avec Paolo Fabbri. Sa thèse de doctorat s'intitule : « Sociosémiotique de la photographie : textes, objets, pratiques. Attestation de l'empreinte et signification du sacré ». Ses publications portent sur l'intertextualité entre peinture, photographie et image numérique, ainsi que sur les pratiques de la photographie. Elle enseigne la Sémiotique des Arts à l'Université de Bologne. Elle est titulaire d'une bourse post-doctorale au CeRes (Centre de Recherches Sémiotiques) de l'Université de Limoges.

Anne Beyaert-Geslin est maître de conférences à l'Uuniversité de Limoges. Elle enseigne la sémiotique visuelle et la sémiotique des médias, renouant ainsi avec son ancienne profession de journaliste dans la presse quotidienne. Elle a écrit une cinquantaine d'articles sur l'art du vingtième siècle et les médias ; elle a notamment publié *Ateliers de sémiotique visuelle* aux PUF (avec A. Henault) et participé au *Dictionnaire des sciences humaines* (PUF, 2005).